# Reden und Ansprachen

Wolfgang Mentzel
Frank Rosenbauer

# Inhalt

## Teil 1: Rhetorik

# Teil 2: Grüße und Glückwünsche

# Teil 1: Rhetorik

# Vorwort

Frei vor kleinem oder gar großem Publikum zu sprechen ist für viele eine Herausforderung – ob bei der Familienfeier, dem Vereinsjubiläum oder im beruflichen Umfeld, etwa vor Kunden oder Mitarbeitern. Stets gilt es, das Lampenfieber zu beherrschen und das Publikum zu begeistern. Denn nichts ist für die Zuhörer schlimmer als eine langweilige, unstrukturierte oder sehr unsicher vorgetragene Rede.

Dieser TaschenGuide hilft Ihnen, solche Redesituationen von Anfang an sicher und souverän zu bewältigen: Er zeigt Ihnen, wie Sie Ihre Rede vorbereiten, welche Techniken Sie bei der Rede selbst anwenden können und wie Sie schwierige Situationen meistern. Außerdem verfolgen wir noch ein weiteres Ziel: Frei sprechen bedeutet nicht auswendig sprechen. Wir wollen Ihnen deshalb die freie Rede vor Zuhörern anhand eines Stichwortmanuskripts zeigen. Wer diese Art des Vortragens beherrscht, der wird seine Zuhörer für sich gewinnen.

Viel Spaß und Erfolg bei Ihren zukünftigen Reden!

*Ihr Wolfgang Mentzel*

# Zuhörerorientiert sprechen

Die wichtigste Aufgabe des Redners ist es, sich bestmöglich auf seine Zuhörer einzustellen – und das beginnt schon bei der Vorbereitung.

In diesem Kapitel lesen Sie, wie Sie

- Ihre Rede konkret für den Redeanlass und das -ziel konzipieren,
- Ihre Rede einfach und klar strukturieren,
- für jeden Zweck die richtige Redeformel auswählen,
- Ihre Zuhörer gleich mit dem Einstieg auf Ihre Seite bringen.

# Redeanlass und Redeziel

Wer vor Zuhörern redet, der muss als Erstes klären, warum er spricht und was er erreichen möchte. Je nach Absicht und Zuhörerkreis können drei typische Redeformen unterschieden werden:

1   Überzeugungsreden (auch Meinungsrede)

2   Informationsreden (auch Sachvortrag)

3   Gelegenheitsreden

Natürlich sind zwischen diesen drei Grundtypen auch Mischformen möglich! Klären Sie frühzeitig, welche Redeform dominiert; nur so können Sie sich auch anlassgerecht vorbereiten.

# Überzeugungsrede

Die Überzeugungsrede ist im beruflichen, geschäftlichen, politischen oder gesellschaftlichen Alltag die wichtigste Redeform. Sie wird immer dann gehalten, wenn es dem Redner darum geht, andere von einer Meinung zu überzeugen bzw. zu einem bestimmten Tun zu veranlassen. Statt von Überzeugungsrede wird auch von Meinungsrede gesprochen, weil der Redner immer eine vorgegebene oder eigene Meinung vertritt.

Die Überzeugungsrede hat ein Tatziel, auf das die gesamte Rede ausgerichtet wird. Die Argumentation wird in der Regel nur einseitig geführt, um dieses Ziel zu erreichen. Die Ausführungen beschränken sich auf das Wesentliche; eine breite

Erörterung von Sachinformationen könnte die Zuhörer verwirren und vom Tatziel ablenken. Am Ende der Überzeugungsrede wird ein Appell ausgesprochen.

Durch die Überzeugungsrede werden vor allem der Wille und das Gefühl der Zuhörer angesprochen.

**Beispiele**

**Im betrieblichen Alltag**

Der Sicherheitsbeauftragte sieht beim Betriebsrundgang, dass einige Mitarbeiter den vorgeschriebenen Schutzhelm nicht tragen. Er wird spontan eine kleine Überzeugungsrede halten und dazu aufrufen, künftig den Helm zu benutzen.

**Im gesellschaftlichen Bereich**

Die Wahlrede des Politikers ist immer eine Überzeugungsrede. Selbst wenn nicht alle Argumente überzeugen, sollen letztlich die Zuhörer dazu gebracht werden, sich bei der Wahl für die Partei des Politikers zu entscheiden.

**Im Privatleben**

Die Familie ist sich uneinig über das diesjährige Urlaubsziel. Jedes Familienmitglied plädiert für sein Wunschziel.

# Informationsrede

Das Ziel der Informationsrede ist die Darstellung und Klärung von Sachverhalten sowie die Informations- oder Wissensvermittlung. Bei den Zuhörern wird in erster Linie der Verstand angesprochen. Die Inhalte werden (weitgehend) wertfrei dargeboten; der Redner trennt korrekt zwischen eigener Meinung und Fremdmeinung.

**Beispiele**

- Bei beruflichen oder wissenschaftlichen Fachvorträgen wird im Wesentlichen informiert.

- Auch in der schulischen und beruflichen Bildung wird hauptsächlich informiert. Der Ausbilder oder Lehrer muss zwar seine Schützlinge überzeugen, etwas für die Schule zu tun, aber bei den vermittelten Kenntnissen handelt es sich zumeist um eine Weitergabe von Informationen.

- Auch bei den verschiedenen Berichtsarten (Geschäftsbericht, Messebericht, Lagebericht) dominieren die informatorischen Aspekte.

- Eine Erzählung gehört ebenfalls zu den Informationsreden, denn auch hier wird in erster Linie informiert (berichtet).

# Gelegenheitsrede

Im Mittelpunkt der Gelegenheitsrede steht ein bestimmter Anlass, der durch den Redner gewürdigt wird. Die Gelegenheitsrede richtet sich vor allem an Herz und Gefühl der Zuhörer, weniger an den Verstand.

Vom Gelegenheitsredner wird erwartet, dass er auf die dem Anlass entsprechende Stimmung (Trauer, Freude) eingeht. Daraus ergibt sich die Gefahr, dass viele Gelegenheitsreden sich in einer Sammlung von Floskeln erschöpfen.

Eine Gelegenheitsrede soll auf jeden Fall kurz gehalten werden. Von wenigen Ausnahmen abgesehen, sind humorige Anmerkungen immer willkommen.

## Beispiele

Die Anlässe für Gelegenheitsreden sind im privaten, gesellschaftlichen oder beruflichen Bereich ähnlich:

- Gäste oder Mitarbeiter werden begrüßt oder verabschiedet.
- Ehrungen (Jubiläen, Verdienste) werden vollzogen.
- Glückwünsche bei Feiern (Hochzeit, Geburtstag, Taufe, Hausbau, Examen, Betriebsjubiläum) werden ausgesprochen.

Die Bandbreite der Gelegenheitsrede erstreckt sich von der umfassenden Laudatio bis zu den wenigen „passenden Worten", die irgendwo gesprochen werden müssen.

# Stegreifrede

Die Stegreifrede ist keine eigene Redeform im bisher besprochenen Sinne. Der Begriff wird dann verwendet, wenn jemand aus der bestehenden Situation heraus, also ohne Vorbereitung, eine Rede hält. Das kann bei jeder der drei zuvor besprochenen Redeformen vorkommen. Im gegenwärtigen Sprachgebrauch wird der Begriff Stegreifrede eher für Gelegenheitsreden gebraucht. Stegreifreden über Sachthemen (Informations- oder Überzeugungsreden) werden dagegen als Statement bezeichnet. Genau genommen ist jeder Wortbeitrag im Gespräch oder in einer Diskussion eine kleine Stegreifrede. Aber diese Situation wird zumeist anders empfunden, als wenn vor einer Gruppe gesprochen werden muss. Was also tun, wenn Sie bei einer Besprechung plötzlich aufgefordert werden, zu einem bestimmten Sachverhalt ein kurzes Statement abzugeben oder wenn Sie bei einer Feier gebeten werden, „ein paar geeignete Worte" zu sprechen?

## Ordnung schaffen

Gehen Sie selbstbewusst an die Aufgabe heran und bringen Sie das Unvermeidliche in knapper Form hinter sich. Beginnen Sie nicht sofort mit dem Sprechen, sondern verschaffen Sie sich – wenn möglich – zumindest einige Minuten zur Vorbereitung (*„Bitte lassen Sie mich einen Moment nachdenken"*). Schaffen Sie Ordnung in Ihren Gedanken und halten Sie diese als Stichwörter auf einem Blatt Papier fest.

> Falls Ihnen überhaupt keine Vorbereitungszeit bleibt, dann hilft es Ihnen, wenn Sie eine Gliederungshilfe auswendig kennen. Ein brauchbares Gerüst für den Gedankenaufbau beim Statement ist die Fünf-Schritte-Formel (siehe Abschnitt „Verwenden Sie Redeformeln").

## Die ABBA-Formel

Für viele Gelegenheitsreden, gleichgültig ob beruflicher oder privater Natur (z. B. eine Mitarbeiterjubiläum oder eine Familienfeier) eignet sich die ABBA-Formel:

- **Anrede und Begrüßung:** Der Geehrte wird namentlich angesprochen, die übrigen Anwesenden pauschal.

- **Begründung:** Warum findet die Feier statt? Was ist der Anlass?

- **Beschreibung:** Wichtige Lebensstationen des Jubilars, Mitarbeiters, Geburtstagskindes, Braut- oder Elternpaares. (Keine komplette Vita; wenige markante Ereignisse oder überwiegend heitere Erlebnisse reichen aus).

- **Abschluss:** Gute Wünsche für die Zukunft aussprechen, evtl. verbunden mit einem Toast.

## Unterschiedliche Begriffe

In den bisherigen Ausführungen haben wir je nach Anlass von Rede oder Vortrag gesprochen. Bei anderer Gelegenheit kommen die Bezeichnungen Ansprache, Referat, Vorlesung oder sogar Statement vor. Auch die Predigt und das Plädoyer gehören dazu. Und wie eben schon angesprochen, ist auch jeder Beitrag in der Diskussion oder Debatte eine kleine Rede, die aus dem Stegreif gehalten wird.

Wir wollen diese Aufzählung unterschiedlicher Bezeichnungen nicht fortsetzen. Wir werden in diesem Buch vorwiegend die Begriffe Rede oder Vortrag verwenden. Auf eine akademische Begriffsdiskussion verzichten wir. Die meisten der nachstehenden Regeln und Empfehlungen gelten, wenn nicht ausdrücklich etwas anderes gesagt wird, für alle Redesituationen.

# Keine Rede ohne Gliederung

Eine klare Gliederung ist eine wesentliche Voraussetzung für den Erfolg jeder Rede. Sie bringt Ordnung in die Gedanken und stellt einen logischen Aufbau sicher. Aus der Schule kennen wir noch die bekannte Dreiteilung:

- Einleitung
- Hauptteil
- Schluss

Dieses Standardschema geht auf die Antike zurück und hat sich bis heute bewährt.

> Die Unterteilung in nur drei Punkte ist Grundvoraussetzung für Ihre Rede, aber für viele Themen zu grob. Eine aussagefähige Gliederung wird innerhalb dieser Hauptpunkte weiter unterteilt sein.

# Einleitung

Die Einleitung dient dazu, Kontakt zu den Zuhörern herzustellen und die erforderliche Aufmerksamkeit zu wecken. Sie soll zum Thema hinführen, ohne dass der eigentliche Inhalt bereits behandelt wird.

Bei Überzeugungsreden und Sachvorträgen gehören zur Einleitung

- die Begrüßung und Anrede der Zuhörer,
- ein origineller Anfangssatz,
- die thematische Hinführung der Zuhörer zum Hauptteil.

Bei Gelegenheitsreden wird nach der Anrede im Allgemeinen der Anlass genannt.

## Begrüßung und Anrede

Beginnen Sie Ihre Ausführungen immer mit einer Anrede der Zuhörer. Anrede und Begrüßung sind Ihre erste Chance, um den erforderlichen Kontakt herzustellen. Zwischen Ihnen und den Zuhörern besteht zunächst eine Art unsichtbare Barriere, die Sie möglichst schnell überwinden müssen. Dabei hilft Ihnen die richtige Anrede.

Wie die jeweils richtige Anrede lautet, hängt vom Anlass und vom Zuhörerkreis ab. „Meine Damen und Herren" ist zwar relativ unpersönlich, aber immer korrekt. Diese Formulierung ist auf jeden Fall besser, als ohne Anrede direkt ins Thema einzusteigen. Die Anrede muss sein, die Begrüßung kann hinzukommen.

Die Zuhörer fühlen sich stärker angesprochen, wenn die Anrede deutlicher auf die Anwesenden abgestellt ist:

**Beispiele**

„Liebe Mitarbeiter" oder „Guten Tag, liebe Mitarbeiter"

„Liebe Kollegen"

„Liebes Brautpaar, liebe Gäste"

„Liebe Kegelschwestern und Kegelbrüder"

„Liebe Mitbürger"

Sollten herausragende Persönlichkeiten anwesend sein, dann sind diese zusätzlich mit Namen oder Titel (oder beidem) anzusprechen:

**Beispiele**

„Sehr geehrter Herr Präsident, meine Damen und Herren"

„Verehrter Herr Bürgermeister Schmidt, liebe Mitglieder des Gemeinderats"

Prüfen Sie genau, wer namentlich begrüßt werden muss, und vermeiden Sie zu lange Namensaufzählungen.

Wenn Sie bei der Begrüßung Namen und Titel verwenden, dann informieren Sie sich vorher genau über den richtigen

Wortlaut. Stellen Sie sicher, dass Sie den Namen richtig aussprechen, indem Sie ihn auf Ihrem Stichwortzettel notieren.

## Der wichtige erste Satz

Neben der Anrede ist ein gelungener Einstieg die zweite Möglichkeit, um die Anfangsbarriere zu überwinden. Mit Einstieg meinen wir hier den ersten Satz nach der Anrede. Es hängt zu einem großen Teil von der Wirkung dieses Einstiegssatzes ab, ob die Zuhörer an Ihren weiteren Ausführungen interessiert sind und sich darauf konzentrieren.

Ein misslungener, langweiliger Einstieg birgt die Gefahr, dass die Zuhörer bereits hier abschalten und sich gelangweilt zurücklehnen. Wegen der Bedeutung für den Redeerfolg haben wir verschiedene Einstiegsmöglichkeiten in einem eigenen Kapitel dargestellt.

## Hinführung zum Thema

Nach Begrüßung, Anrede und Einstiegsformulierung muss der Redner die Zuhörer zum eigentlichen Thema hinführen. Bei Sachvorträgen und Überzeugungsreden sind die folgenden Möglichkeiten häufig anzutreffen:

- Hinweis auf das Ziel des Vortrags,
- Abgrenzung des Themas,
- Darlegung der Gliederung,
- Thesen werden formuliert,
- Hinweis auf das weitere Vorgehen.

## Orientierung an den Zuhörern

Denken Sie daran, einen Einstieg zu wählen, der die Zuhörer interessiert. Viele Redner gehen von der eigenen Interessen- lage aus. Deckt sich diese aber mit den Erwartungen der Zuhörer? Durch die Einleitung soll die Aufmerksamkeit der Zuhörer für die weiteren Ausführungen geweckt werden. Das wird nur gelingen, wenn Sie den Zuhörern entsprechende Anreize bieten. Überprüfen Sie deshalb die Wirkung Ihrer Einleitung, indem Sie sich gedanklich in die Situation Ihrer Zuhörer versetzen.

## Eigene Vorstellung kurz halten

Bei Fachvorträgen kann es vorkommen, dass sich der Redner auch selbst kurz vorstellen muss. Wie umfangreich diese Vorstellung sein muss, hängt von der jeweiligen Situation ab. Die Bandbreite möglicher Informationen kann sich vom Na- men, über Herkunft, das vertretene Unternehmen, die heutige Rolle bis zu einem kurzen Lebenslauf erstrecken. Die Angaben zur eigenen Person sollten allerdings so knapp wie möglich gehalten werden. Die Zuhörer wollen zwar wissen, wer vor ihnen steht, aber sie sind in erster Linie wegen des Sach- problems gekommen.

## Keine unnötige Verzögerung

Kommen Sie schnell zur Sache und vermeiden Sie Aussagen, die nicht zum Thema gehören: „Bevor ich zum Thema unseres heutigen Treffens komme, will ich noch kurz erwähnen ..."

Solche Formulierungen sollten nicht vorkommen. Die Zuhörer sind wegen eines ganz bestimmten Themas gekommen; riskieren Sie nicht, dass das Interesse verloren geht, bevor Sie überhaupt damit begonnen haben.

Und noch ein wichtiger Hinweis: Versprechen Sie durch die Einleitung nicht mehr, als Sie in den folgenden Ausführungen halten können.

# Hauptteil

Die Kerngedanken gehören in den Hauptteil. Bei Überzeugungsreden und Sachvorträgen werden Informationen, Meinungen und Gegenmeinungen, Beweise, Beispiele und Vergleiche dargelegt. Bei der Gelegenheitsrede umfasst der Hauptteil die anlassbezogene Würdigung einer oder mehrerer Personen (Geburtstag, Jubiläum, Taufe, Hochzeit) oder Ereignisse (Richtfest, Abitur). Der Hauptteil muss nochmals sinnvoll untergliedert werden. Das kann nach logischen oder nach psychologischen Gesichtspunkten geschehen.

> Die logische Gliederung zielt mehr auf die sachlichen Aspekte ab, während die psychologische Gliederung mehr auf Spannung und Steigerung ausgerichtet ist.

Die beiden Prinzipien sind jedoch nicht als Gegensatz zu verstehen. Die folgenden Beispiele zeigen, dass sehr oft beide Ansätze in einer Gliederung erkennbar sind.

Ihrer Phantasie bei der Gliederung sind jedenfalls keine Grenzen gesetzt. Die Aufmerksamkeit Ihrer Zuhörer ist Ihnen sicher, wenn diese eine bestimmte Ordnung in Ihren Gedanken erkennen und der Aufbau zusätzlich spannungssteigernd gestaltet wird.

**Beispiele**

 Wir haben aus der Vielzahl möglicher Gliederungen einige Beispiele ausgewählt, die in der Redepraxis besonders häufig verwendet werden:

- Gestern – heute – morgen,
- Zielsetzung – Planung – Durchführung – Kontrolle,
- Vom Einzelnen zum Ganzen (oder umgekehrt),
- Vom Einfachen zum Schwierigen,
- Vom Allgemeinen zum Besonderen,
- Ursache – Wirkung – Lösung,
- Ist – Soll – Analyse,
- Pro – Contra – Fazit,
- Problem – Ursachen – Lösungsmöglichkeiten,
- Vom Beginn bis heute.

# Schluss

Was der Zuhörer zuletzt hört, wirkt am längsten nach. Deshalb wird der Schluss als Aufruf, Ansporn oder Aufforderung zum Handeln knapp und einprägsam formuliert.

Bei der Gelegenheitsrede werden häufig gute Wünsche für die weitere Zukunft des (der) Geehrten ausgesprochen. Auch eine Aufforderung an alle Anwesenden zu einer gemeinsamen Aktion (Glas heben, gemeinsam singen) ist üblich.

Bei Überzeugungsreden und Sachvorträgen gibt es viele Möglichkeiten. Der Schluss soll zwar auf den Hauptteil Bezug nehmen, aber er darf auf keinen Fall nochmals alle vorgetragenen Gedanken wiederholen.

**Beispiele**

Folgendes kommt besonders häufig vor:

- Ein Fazit wird gezogen.
- Zusammenfassung der Kernaussagen in Thesen.
- Denkanstöße werden gegeben.
- Ausblick auf das weitere Vorgehen.
- Eine kleine Geschichte oder ein gelungenes Zitat wird vorgetragen.
- Aufgaben werden verteilt.
- Die Einstiegsthese wird nochmals wiederholt und bestätigt.
- Wünsche oder Hoffnungen werden ausgesprochen.
- Ein Appell wird ausgesprochen.

# Rechtzeitig aufhören

In der Kürze liegt die Würze! Wer kennt diesen Spruch nicht? Aber wird nicht gerade beim Reden häufig dagegen verstoßen? Insbesondere Redner, die sich in einem Thema sehr gut auskennen, nehmen das Fazit oft zum Anlass, um nochmals Gründe und Beispiele nachzuschieben. Das hätte aber im Hauptteil geschehen müssen. Alles, was jetzt noch gesagt wird, entwertet die bisherigen Ausführungen.

Auch ein 5000-Meter-Läufer kehrt vor dem Ziel nicht noch einmal um. Wer einmal auf die Zielgerade eingebogen ist, versucht das Ziel so schnell wie möglich zu erreichen. Wenn die Zuhörer merken, dass der Redner den Schluss ansteuert, oder wenn dieser sogar angekündigt wird, dann steigt die Aufmerksamkeit nochmals. Nutzen Sie dies und sprechen Sie den wohlüberlegten Schluss auch aus!

## Beachten Sie die richtige Gewichtung

Eine häufige Frage richtet sich auf das Verhältnis von Einleitung, Hauptteil und Schluss zueinander. Bei Überzeugungsreden und Sachvorträgen kann als Faustregel für die Relation zwischen den drei Gliederungsteilen gelten:

- Einleitung: 10 – 15 %
- Hauptteil: 75 – 85 %
- Schluss: 5 – 10 %

Bei Gelegenheitsreden wird die Einleitung oft kürzer sein.

# Verwenden Sie Redeformeln

Die Gliederung in Einleitung – Hauptteil – Schluss ist grundsätzlich richtig. Sie muss aber bei der praktischen Anwendung auf den Redeanlass und Zuhörerkreis zugeschnitten werden. Je nach Umfang eines Vortrags kann jeder der drei Hauptpunkte nochmals untergliedert werden. In der Praxis haben sich unter der Bezeichnung „Redeformel" zahlreiche, bewährte Standardgliederungen herausgebildet, die alle drei Redeteile berücksichtigen.

Nachfolgend werden drei besonders verbreitete Redeformeln vorgestellt. Wir empfehlen, zumindest die Fünf-Schritte-Formel auswendig zu lernen oder als Notiz mit sich zu führen. Sie haben dann für alle Gelegenheiten ein Schema parat, an dem Sie sich orientieren können.

> Der Redner muss drei Dinge beachten: was er vortragen will, in welcher Reihenfolge und auf welche Weise. *(Cicero)*

## Fünf-Schritte-Formel

Dies ist die bekannteste Redeformel. Sie wurde ursprünglich für den einfachen Überzeugungsvortrag entwickelt. Sie kann jedoch auch beim Sachvortrag und bei der Gelegenheitsrede eingesetzt werden. Wegen ihrer Kürze eignet sie sich besonders dann, wenn Sie spontan sprechen müssen (z.B. bei einem Diskussionsbeitrag oder auf einer Veranstaltung). In der Literatur findet sich die Fünf-Schritte-Formel in verschiedenen Ausprägungen. Wir schlagen folgende Variante vor:

| Fünf-Schritt-Formel |
| :--- |
| 1. Interesse wecken. |
| 2. Sagen, worum es geht. |
| 3. Begründen und Beispiele bringen. |
| 4. Fazit ziehen. |
| 5. Aufforderung zum Handeln. |

Die beiden ersten Schritte entsprechen der Einleitung. Der Redner muss die Aufmerksamkeit der Zuhörer wecken und er muss nochmals darlegen, worum es in den folgenden Ausführungen geht. Das Ziel des Vortrags, die Meinung oder der Standpunkt des Redners oder eine bestimmte These werden genannt. In diesem Schritt wird der Zweck des Vortrags verdeutlicht, deshalb wird dieser Teil der Gliederung auch als Zwecksatz bezeichnet. Der Schritt „Begründen und Beispiele bringen" entspricht dem Hauptteil. Hier wird die im zweiten Schritt genannte Meinung begründet und mit Beispielen untermauert. Nach einem Fazit (Schritt 4) bildet ein Appell (Schritt 5) den Abschluss.

### Beispiel:

Nehmen wir an, ein Bewohner einer stark befahrenen Wohnstraße spricht sich auf einer Versammlung der Anlieger für eine Umwandlung in eine Spielstraße aus.

1. Allein im letzten Halbjahr hat es vier Unfälle gegeben.
2. Der Verkehr in unserer Straße muss eingeschränkt werden.
3. Autos und Motorräder fahren zu schnell– viele Anwohner mit Kindern– weitere Gründe und Beispiele.

4    Eine Lösung sehe ich nur in einer Temporeduzierung durch
     Umwandlung in eine Spielstraße.

5    Unterstützen Sie eine Unterschriftenaktion.

# Problemlösungsformel

Die Problemlösungsformel ist eine Weiterentwicklung der
Fünf-Schritte-Formel. Sie eignet sich dann, wenn für ein
vorliegendes Problem unterschiedliche Lösungsmöglichkeiten
zur Verfügung stehen. Im Rhetorikseminar fühlten sich vor
allem Teilnehmer aus technischen und naturwissenschaftli-
chen Berufen von dieser Möglichkeit besonders angesprochen.

| Problemlösungsformel |
|---|
| 1.  Interesse wecken. |
| 2.  Problem darlegen. |
| 3.  Ziel, um das Problem zu lösen. |
| 4.  Lösungsvorschläge und deren Bewertung. |
| 5.  Entscheidung für eine Lösungsvariante. |
| 6.  Aufforderung zum Handeln. |

Die beiden ersten Schritte decken sich mit der Fünf-Schritte-
Formel. In Schritt 3 wird ein eindeutiges Ziel formuliert, um
das in Schritt 2 genannte Problem zu lösen. Im vierten Glie-
derungsschritt werden unterschiedliche Lösungsvorschläge
vorgestellt und hinsichtlich ihrer Vor- und Nachteile unter-
sucht und bewertet. Dabei bildet das in Schritt 3 genannte

Ziel den Orientierungsmaßstab. Die Entscheidung für die beste Lösungsvariante erfolgt in Schritt 5. Den Abschluss bildet wieder der übliche Appell.

**Beispiel:**

In einem Unternehmen sind die Umsätze stark zurückgegangen; der Chef spricht zu seinen Mitarbeitern:

1   Liebe Mitarbeiter, ab sofort wird jeder von uns weniger Geld in der Tasche haben.

2   Der Umsatz im letzten Halbjahr ist stark zurückgegangen.

3   Wir sollten alle Anstrengungen darauf richten, das alte Umsatzniveau wieder zu erreichen.

4   Folgende Möglichkeiten stehen uns zur Verfügung:

(a) Preissteigerungen; Vor- und Nachteile,

(b) Qualitätsverbesserungen; Vor- und Nachteile,

(c) neue Werbekonzeption; Vor- und Nachteile.

5   Ich bin der Meinung, wir sollten Vorschlag (c) als ersten verwirklichen.

6   Beginnen Sie sofort damit, Ideen zum Vorschlag (c) zu entwickeln.

# Pro-und-Contra-Formel

Auch diese Gliederung ist eine Weiterentwicklung der Fünf-Schritte-Formel. Sie kommt dann infrage, wenn zwei konträre Positionen einander gegenüberstehen (z. B. für oder gegen Kernkraft).

| Pro-und-Contra-Formel |
|---|
| ⬇ 1. Interesse wecken. |
| ⬇ 2. Problem definieren. |
| ⬇ 3. Gegenposition darstellen. |
| ⬇ 4. Hauptargumente der Gegenseite entkräften. |
| ⬇ 5. Eigene Position formulieren. |
| ⬇ 6. Eigene Position überzeugend begründen. |
| ⬇ 7. Fazit ziehen (Folgerungen). |
| 8. Aufforderung zum Handeln. |

Auch hier entsprechen die beiden ersten Schritte der Fünf-Schritte-Formel. Als Nächstes wird die Meinung der Gegenseite dargestellt (Schritt 3) und versucht deren Hauptargumente zu entkräften (Schritt 4). Erst danach folgt in Schritt 5 die eigene Meinung. Diese wird in Schritt 6 ausführlich und überzeugend mit Argumenten untermauert. Das Fazit in Schritt 7 fällt natürlich zu Gunsten der eigenen Position aus. Den Abschluss bildet wiederum der bereits bekannte Appell.

**Beispiel:**

Um die breiten Einsatzmöglichkeiten zu verdeutlichen, haben wir hier ein Beispiel aus dem familiären Bereich gewählt. In einer Familie (Vater, Mutter, Tochter) wird über die Anschaffung eines Hundes diskutiert.

1. Wir wissen, dass jeder von uns ein Hundeliebhaber ist.
2. Aber haben wir auch genug Zeit, einen jungen Hund ausreichend zu betreuen?
3. Ihr beiden (Mutter und Tochter) habt zugesagt, dass jeder einmal am Tag einen Spaziergang übernehmen wird.
4. Aber habt Ihr auch daran gedacht, dass der Hund regelmäßig, auch bei schlechtem Wetter, raus muss?
5. Ich bin der Meinung, wir haben alle drei täglich zu viele andere Verpflichtungen.
6. Vater und Mutter sind berufstätig, Tochter hat Schule.
7. Ich bin sicher, dass nach der Anfangsbegeisterung die Bereitschaft zum Spaziergang stark nachlassen wird.
8. Wir sollten deshalb die Diskussion um die Anschaffung eines jungen Hundes beenden.

Diese Pro-und-Contra-Formel enthält in stärkerem Maß als die beiden ersten Redeformeln taktische Elemente. Durch die Darstellung der Meinung der Gegenseite wird dem Zuhörer der Eindruck einer gewissen Fairness vermittelt. Durch die gewählte Reihenfolge wird die eigene Meinung nach der Gegenmeinung erläutert. Was aber zuletzt gesagt wird, bleibt besser haften.

# Interesse wecken durch einen gelungenen Einstieg

Der Anfang ist die Hälfte des Ganzen. *(Aristoteles)*

Das vorstehende Zitat ist nicht wörtlich im mathematischen Sinn zu verstehen. Aber es verweist auf ein rhetorisches Kernproblem, das von vielen Rednern unterschätzt wird.

Der Erfolg vieler Vorträge hängt von einem gelungenen Beginn ab. Durch einen originellen Einstieg werden die Zuhörer neugierig und wenden ihre Aufmerksamkeit schnell dem Redner zu.

## Warum ist der Einstieg so wichtig?

Ein geglückter Einstieg kann folgende Aufgaben erfüllen:

- Sie wecken bei Ihren Zuhörern Interesse für Ihre weiteren Ausführungen.

- Sie stellen schnell den notwendigen Kontakt zu den Zuhörern her.

- Sie leiten elegant zum eigentlichen Thema hin, ohne mit der Tür ins Haus zu fallen.

- Sie überwinden eine evtl. vorhandene Anfangsspannung schneller, wenn Sie merken, dass Sie bei Ihren Zuhörern ankommen.

## Zahlreiche Einstiegsmöglichkeiten

Mit Einstieg meinen wir den ersten Satz nach der Begrüßung und Anrede. Grundsätzlich ist jeder Einstieg richtig, wenn er die vorstehenden Ziele erfüllt und der jeweiligen Redesituation angemessen ist. Je origineller allerdings Ihr Einstieg ist, umso größer ist die Chance, die Zuhörer sofort für Ihr Thema zu gewinnen. Prüfen Sie, ob sich einer der folgenden Vorschläge für Ihr Thema bzw. Ihren Zuhörerkreis eignet.

## Gemeinsamkeit mit den Zuhörern herstellen

Diese Variante eignet sich vor allem dann, wenn Zuhörer mit abweichenden, sehr unterschiedlichen Auffassungen zusammenkommen. Ein Hinweis auf gleiche Probleme oder Interessen, die gleiche Herkunft oder die Zugehörigkeit zur gleichen Berufsgruppe oder ein gemeinsames Erlebnis können hier angesprochen werden.

Wenn Sie diese Variante verwenden, dann werden die Wörtchen „wir" oder „uns" in Ihrer Einleitung vorkommen.

**Beispiele**

Wir alle zahlen viel zu viel Steuern!

Die Verkehrssituation in unserem Wohnbezirk geht uns alle an!

Wir bilden bei der Entlohnung wieder einmal das Schlusslicht!

## Sachlicher, ernster Anfang

Dies ist eine besonders seriöse Einstiegsvariante: Der Hinweis auf ein Gegenwartsproblem, auf aktuelle Daten oder Statistiken, die natürlich einen Bezug zum Thema haben müssen.

**Beispiele**

Bei einem Vortrag über „Geschwindigkeitsbegrenzungen auf Autobahnen" könnte z. B. auf die Zahl der Verkehrsunfälle im letzten Jahr verwiesen werden:

„Jährlich sterben auf deutschen Autobahnen ..."

Die schlechte Konjunkturlage, die leeren öffentlichen Kassen, die rückläufigen Auftragseingänge, die hohe Arbeitslosenzahl kämen bei entsprechenden Fachthemen infrage.

## Persönliche Erlebnisse oder Erfahrungen

Bei dieser Möglichkeit ist es wichtig, dass Sie den Bezug zum Thema nicht verlieren. Die Zuhörer dürfen nicht mit persönlichen Problemen gelangweilt werden.

**Beispiele**

Nochmals das Thema „Geschwindigkeitsbegrenzungen auf Autobahnen". Es ist durchaus denkbar, dass der Redner beginnt „Heute morgen beim Herfahren konnte ich beobachten ..."

Bei einem Vortrag gegen den hohen Alkoholkonsum ist es möglich, auf eigenes früheres Fehlverhalten hinzuweisen: „Noch vor vier Jahren waren einige Bierchen am Abend für mich eine Selbstverständlichkeit."

## Zuhörerkompliment

Das Zuhörerkompliment war der klassische Beginn der Rhetoren im alten Rom. Der Redner hatte zunächst etwas Positives, Freundliches zu sagen, das ihm die Zustimmung seiner Zuhörer sicherte.

Heute sehen wir dies etwas anders; die Gefahr eines billigen Kompliments als Mittel zum Zweck ist nicht zu übersehen. Oder ist es für Sie noch glaubhaft, wenn Sie zum soundsovielten Mal hören, dass sich der Redner freut, gerade vor diesem netten Zuhörerkreis sprechen zu dürfen? Der Politiker auf Wahlreise freut sich z.B. um 10 Uhr bei den lieben Bürgern von X-Stadt zu sein, um 11 Uhr erzählt er dasselbe in Y-Stadt und um 12 Uhr in Z-Stadt.

Damit soll nicht gesagt sein, dass diese Einleitung falsch ist. Wenn sie ehrlich empfunden wird und nichtssagende Floskeln vermieden werden, dann ist das eine akzeptable Möglichkeit.

**Beispiele**

„Ich freue mich, dass Sie zu so ungewöhnlicher Stunde hierher gefunden haben."

„Durch die Teilnahme an der heutigen Veranstaltung beweisen Sie Ihr Engagement in dieser Angelegenheit."

## Vergleiche herstellen

Auch dies ist eine sehr sachliche Variante. So kann z.B. die heutige Situation mit früher verglichen werden. Oder wir (unser Betrieb, unsere Abteilung, unser Land usw.) vergleichen uns mit anderen. Auch unterschiedliche Problemlösungen sind als Vergleichsgegenstand denkbar.

**Beispiele**

„Im Gegensatz zu den Kollegen im Außendienst verdienen wir im Innendienst nur ..."

„Vor dem Bau der Umgehungsstraße hatten wir zwar viel Verkehr, aber auch viele Kunden. Heute dagegen haben wir ..."

## Hilfsmittel und Anschauungsmaterial einsetzen

An diese Möglichkeit erinnern Sie sich noch aus der Schulzeit. Im Chemieunterricht wurde zunächst ein Versuch durchgeführt, danach wurde darüber gesprochen. Auf Ihre Redesituation übertragen bedeutet das z.B. das Einspielen eines Films, eine technische Demonstration, aber auch das Vorzeigen von

Mustern, Modellen oder Katalogen. In diese Kategorie gehören alle Möglichkeiten, bei denen am Anfang eine Aktion steht. Besonders erfolgreich erweisen sich Situationen, bei denen die Zuhörer etwas tun können.

**Beispiel:**

 Bei einem Vortrag über gesunde Ernährung lässt der Redner zunächst einen Korb mit Äpfeln kreisen, aus dem sich die Zuhörer bedienen.

## Historische Einleitung

Vorsicht bei dieser Variante. Historisch muss nicht zwangsläufig bedeuten, dass Sie mit Adam und Eva beginnen. Aber ein Rückgriff auf Geschehnisse von früher ist auch nicht ausgeschlossen. Die vergangenheitsorientierte Einleitung ist vor allem bei vielen Gelegenheitsreden beliebt.

**Beispiele**

 Nochmals das Thema „Geschwindigkeitsbegrenzungen auf Autobahnen". Es geht sicherlich nicht am Thema vorbei, wenn der Redner wie folgt beginnt: „Als Bertha Benz vor 110 Jahren die erste Autofahrt von Mannheim nach Pforzheim machte, kannte sie dieses Problem noch nicht."

Beim zwanzigjährigen Betriebsjubiläum eines Mitarbeiters könnte z.B. mit dem Hinweis begonnen werden: „Einige von uns erinnern sich noch daran, wie Karl Müller als Lehrling bei uns anfing." Auch beim Vereinsjubiläum ist der Rückblick der typische Einstieg.

## Rhetorische Frage

Die rhetorische Frage hat sich beim Einstieg ebenso bewährt wie als rhetorisches Mittel innerhalb des Vortrags. Sie beantwortet sich entweder durch die weiteren Ausführungen von selbst oder wird vom Redner beantwortet. Sie lässt sich nahezu bei jedem Informations- und Überzeugungsvortrag einsetzen.

> Formulieren Sie einfach einen bestimmten Aspekt (Gedanken) des Themas als rhetorische Frage. Durch die Frageform werden die Gedanken der Zuhörer sofort in das Thema hineingezogen.

### Beispiele

Beim Thema „Gesunde Ernährung" könnte die Frage lauten: „Essen wir nicht alle viel zu viel Fett?"

Das Thema „Verkehrssituation im Wohnbezirk" könnte mit der Frage begonnen werden: „Wie lange müssen wir uns das noch gefallen lassen?"

## Vorsicht bei direkten Fragen

Im Gegensatz zur rhetorischen Frage ist die direkte Frage an die Zuhörer mit Risiko verbunden. Es kann sein, dass die Frage unbeantwortet bleibt oder dass die falsche Antwort gegeben wird. Manche Redner sichern sich gegen diese beiden Gefahren dadurch ab, dass sie vorher mit einem Teilnehmer die erwünschte Antwort absprechen.

## Einstieg mit Humor

Diese Möglichkeit wird leider im deutschen Sprachbereich viel zu wenig genutzt. Bei wissenschaftlichen und Fachvorträgen ist Humor sogar fast verpönt. Warum eigentlich? Ein Zuhörer, der zunächst einmal schmunzelt, kann sich dennoch intensiv mit den nachfolgenden wissenschaftlichen Ausführungen auseinandersetzen.

Natürlich sind keine abgedroschenen Witze gefragt. Eine passende Anekdote oder ein guter Anfangsgag schaden dagegen nicht.

**Beispiel:**

> Ein Vortrag gegen das Rauchen wurde mit folgender Geschichte begonnen: Der eben eingelieferte Infarktpatient wird vom aufnehmenden Arzt gefragt: „Rauchen Sie?" Antwort des Patienten: „Nicht mehr!" Arzt: „Seit wann?" Patient: „Seit einer Stunde!"

## Weitere Möglichkeiten

- Anknüpfen an einen Vorredner:
  „Wie Herr Meier vorhin bereits ausführte ...."

- Das aktuelle Geschehen der letzten Tage wird aufgegriffen:
  „Heute konnten wir als Schlagzeile in den Tageszeitungen lesen ...."

- Neuere Erkenntnisse werden herangezogen:
  „Eine Untersuchung über die Auswirkungen des passiven Rauchens hat gezeigt ..."

- Die unter den Zuhörern vorherrschende Stimmung wird angesprochen:
  „Die Autofahrer trifft es wieder einmal besonders hart."

- Ein Zitat als Einleitung:
  Ein Vortrag über „Freies Reden" wird mit dem Zitat eröffnet: „Dichter werden geboren, Redner werden gemacht."

- Eine Problemlösung wird versprochen:
  „In einer Stunde wird Übergewicht für Sie kein Thema mehr sein!"

## Auf einen Blick: Zuhörerorientiert sprechen

- Klären Sie frühzeitig für sich, welches Ziel Sie mit Ihrer Rede verfolgen: Wollen Sie informieren, überzeugen oder anlassbedingt mit ein paar Worten das Gefühl der Zuhörer ansprechen?

- Wenn Sie Ihre Rede vorbereiten, gliedern Sie diese immer in Einleitung, Hauptteil und Schluss.

- Zur Einleitung gehören Begrüßung und Anrede, ein origineller Anfangssatz sowie die Hinführung zum Hauptteil.

- Ein gelungener Einstieg ist der halbe Erfolg! Bereiten Sie ihn gut vor, denn damit wecken Sie das Interesse Ihrer Zuhörer – oder eben nicht. Wählen Sie den Einstieg passend zum Redeanlass aus.

- Je nach Redeanlass und -ziel gliedern Sie den Hauptteil nach logischen oder psychologischen Gesichtspunkten.

- Der Schluss wirkt am längsten nach! Er soll kurz und prägnant sein und er soll nicht die Gedanken des Hauptteils wiederholen, sondern die Zuhörer darüber hinaus führen, etwa durch ein Fazit oder einen Ausblick.

- Die Fünf-Schritte-Formel ist die wichtigste Hilfe für die Vorbereitung. Für spezielle Reden können Sie die Problemlösungsformel sowie die Pro-und-Contra-Formel verwenden.

# Hilfsmittel einsetzen

Für die Vorbereitung und für den Vortrag selbst stehen Ihnen einige Hilfsmittel zur Verfügung.

In diesem Kapitel lesen Sie,

- wie Sie Ihre Rede mit Hilfe eines Stichwortmanuskripts perfekt vorbereiten und halten,
- wie Sie mit Weißwandtafel, Pinnwand und Flipchart arbeiten,
- wie Sie Folien vorbereiten und den Beamer bei der Präsentation einsetzen.

# Sicherheit durch ein Stichwortmanuskript

Wer kennt nicht den Redner, der nur auf sein Manuskript blickt? Vielleicht fährt er auch noch mit dem Finger die Zeilen entlang, um diese auf keinen Fall aus den Augen zu verlieren. Dieser Redner kommt nicht an bei seinem Publikum. Er hat keinen Blickkontakt und kann demnach auch die Reaktionen seiner Zuhörer nicht wahrnehmen und darauf reagieren.

## Wer überzeugen möchte, muss frei sprechen

Frei sprechen meinen wir im doppelten Sinne. Zum einen frei vor den Zuhörern sprechen, also ohne sich hinter einem trennenden Tisch oder Pult zu verstecken. Ein Redner, der frei vor seinen Zuhörern steht, vermittelt dem Zuhörer den Eindruck, dass er sich seiner Sache sicher ist. Wenn ein Pult oder Tisch nicht zu vermeiden sind, dann achten Sie zumindest darauf, dass Ihr Oberkörper darüber hinausragt. Wer sich völlig hinter dem Pult versteckt, verschenkt die gesamten körpersprachlichen Wirkungsmöglichkeiten. Zum Zweiten bedeutet frei sprechen, dass Sie Ihre Gedanken frei und spontan formulieren. Damit ist nicht auswendig sprechen gemeint. Frei sprechen im hier verstandenen Sinne bedeutet vielmehr, nach wohl überlegten und gegliederten Stichworten zu sprechen.

> Das, was Sie sagen möchten, haben Sie sich vorher genau überlegt und festgehalten, aber grundsätzlich nur in Form von Stichworten und nicht als voll ausgearbeitetes Manuskript.

### Vorteile des Stichwortredens

- Sie vergessen nichts, denn alles, was Sie vortragen wollen, steht kurz und richtig gegliedert auf dem Stichwortzettel.

- Die endgültige Formulierung erfolgt spontan und wirkt damit wesentlich überzeugender als ein voll ausgearbeitetes Manuskript, das vorgelesen wird.

- Die Formulierungen können leichter an die aktuelle Situation angepasst werden (z.B. können Sie die Schwerpunkte aufgrund der Reaktionen der Zuhörer anders setzen).

- Fragen oder Zwischenbemerkungen der Zuhörer können beantwortet werden, ohne aus dem Konzept zu kommen.

- Die Redezeit kann bei Bedarf problemlos verkürzt werden (z.B. können Sie etwas weglassen, wenn Sie merken, dass dies schon bekannt ist, oder wenn wegen eines verspäteten Beginns die Redezeit verkürzt wird).

# Der perfekte Stichwortzettel

Die folgenden Empfehlungen haben sich in der Praxis bewährt. Sie stellen sicher, dass Sie alle genannten Vorteile des Stichwortredens nützen können und lassen dennoch genügend Spielraum für eigene Gestaltungsvarianten.

### Größe

In der Praxis treffen Sie alle denkbaren Varianten an: Vom verschämt in der Handmulde verborgenen „Spickzettelchen" in der Größe einer Visitenkarte bis zum großformatigen Bogen. Bewährt hat sich das DIN-A6-Format (Postkartengröße);

manche Rhetoriktrainer empfehlen auch DIN-A5-Format. Ist der Zettel kleiner, passt zu wenig darauf oder die Stichworte werden teilweise von der Hand verdeckt. Zu große Stichwortzettel wirken zu plakativ und bergen die Gefahr, dass zuviel aufgeschrieben wird oder sogar ein voll ausgearbeitetes Manuskript daraus wird.

Stichwortzettel in Postkartengröße oder ähnlichem Format (z.B. Pinnwandkarten) können in die Jackentasche oder eine Handtasche gesteckt werden, ohne dass sie gefaltet werden müssen. Das Beispiel Pinnwandkärtchen gibt schon einen Hinweis, dass mit Stichwortzettel nicht zwangsläufig dünnes Papier gemeint ist. Ein einigermaßen festes Papier oder ein dünner Karton sollten es schon sein. Außerdem sollte das Papier blendfrei sein (z.B. kein Faxpapier).

## Je Zettel nur ein oder zwei Hauptgedanken

Viele Redner schreiben ihre Stichwortzettel viel zu voll. Das erschwert das Ablesen der Stichworte und macht es unmöglich, nach Fertigstellung des Manuskripts noch etwas hinzuzufügen. Wenn Sie nur ein oder zwei Hauptgedanken und zusätzlich die entsprechenden Untergedanken aufnehmen, dann bleibt genügend Raum für spätere Ergänzungen.

## Groß und deutlich schreiben

Zu voll geschriebene Zettel sowie eine schlechte und zu kleine Schrift sind nach den Erfahrungen des Autors zwei besonders häufig vorkommende Fehler. Die Bedeutung eines gut vorbereiteten Stichwortmanuskripts wird vielfach unterschätzt.

Das haben in den Rhetorikseminaren viele Teilnehmer bestätigt, nachdem sie in den Übungen Probleme mit ihrem Manuskript hatten. Beim Vortrag kommt es darauf an, durch einen kurzen Blick auf den Zettel das nächste Stichwort zu erfassen und danach wieder den Blickkontakt zu den Zuhörern herzustellen. Das wird nur bei ausreichend großer und deutlicher Schrift möglich sein. Außerdem darf nicht zu viel auf den Zetteln stehen. Machen Sie sich die Mühe und schreiben Sie bei der Vorbereitung die missglückten Zettel ein zweites Mal; Sie werden im Vortrag dafür dankbar sein.

## Nur einseitig beschriften

Ein Stichwortmanuskript besteht in der Regel nicht nur aus einem Zettel. Einseitig beschriebene Stichwortzettel brauchen Sie nicht umzudrehen, das erleichtert die Handhabung. Bei einem Stapel von Stichwortzetteln legen Sie den jeweils abgehandelten Zettel am Stapel hinten an, sodass auch die Reihenfolge immer erhalten bleibt. Falls erforderlich (z. B. wegen einer Zwischenfrage) können Sie leichter auf frühere Zettel zurückgreifen.

## Fortlaufend nummerieren

Diese Empfehlung spricht für sich selbst. Die Nummerierung ist im Sinne der Ordnung erforderlich. Wenn Sie alle Zettel durchnummeriert haben und nachträglich noch weitere Zettel einfügen wollen, dann ist dies mit a,b-Seiten ohne weiteres möglich.

## Regieanweisungen aufnehmen

Sie sind der Regisseur Ihres Vortrags. Durch Regieanweisungen stellen Sie sicher, dass Sie nichts von dem vergessen, woran Sie neben dem Vortragen Ihrer Gedanken denken müssen. Der Begriff ist in diesem Zusammenhang im doppelten Sinne zu verstehen. Regieanweisungen können sich aus dem Inhalt Ihres Vortrags ergeben oder sie richten sich an die eigene Person. Beispiele für inhaltlich bedingte Regieanweisungen sind:

- „Teilnehmer fragen": Durch diesen Hinweis werden Sie daran erinnert, dass Sie an dieser Stelle den Monolog unterbrechen wollen, um die Zuhörer nach deren eigenen Erfahrungen oder Meinungen zu fragen.

- „Tabelle verteilen": Es wäre schade, wenn Sie mit viel Mühe eine Tabelle vorbereitet haben und im Eifer des Vortrags vergessen würden, diese zum richtigen Zeitpunkt zu verteilen. Die Vorbereitung wäre umsonst, und den Zuhörern würde eine wichtige Information vorenthalten.

- „Folie auflegen": Folien oder andere vorbereitete Hilfsmittel werden durch einen entsprechenden Hinweis im Manuskript nicht vergessen.

Regieanweisungen an die eigene Person können helfen, eigene Schwächen (Fehler) zu vermeiden und die rhetorischen Mittel richtig einzusetzen.

- Durch Farbmarkierungen kennzeichnen Sie wichtige Gedanken, die sie sprachlich hervorheben möchten (lauter, langsamer, Pause).

- Wer weiß, dass er unruhig steht, schreibt sich auf jeden Stichwortzettel (mit anderer Farbe als die übrigen Stichworte) einen entsprechenden Hinweis.

- Durch ein gemaltes Auge oder das Wort „Blick" erinnern Sie sich daran, den Blickkontakt nicht zu vergessen.

- Der Schnellsprecher wird sich durch den Hinweis „langsam" an dieses Problem erinnern.

- Engen Sie sich nicht zu sehr ein, indem Sie einzelne Reaktionen notieren (z.B. Faust ballen, lachen, Dr. Huber anschauen), die Sie an einer ganz bestimmten Stelle Ihres Vortrags einbringen wollen. Das könnte gekünstelt wirken.

> Durch Regieanweisungen sind Schwierigkeiten beim Reden nicht sofort behoben, aber sie werden mit jedem weiteren Redeauftritt geringer.

Im Rhetorikseminar hat die konsequente Anwendung dieser Methode bei nur fünf bis sechs Redeauftritten den meisten Teilnehmern geholfen, um z.B. ein hartnäckiges „äh" weitgehend verschwinden zu lassen oder den anfangs fehlenden Blickkontakt herzustellen.

### Beispiel für einen Stichwortzettel

| | | | |
|---|---|---|---|
| | 1. Hauptstichwort | Unterstichwort | Zeit/Seite |
| | | Unterstichwort | |
| | | (Regieanweisung) | |
| | 2. Hauptstichwort | Unterstichwort | Zeit |
| | | Unterstichwort | |
| | | Unterstichwort | |

## Redezeit einhalten durch Zeithinweise

Auch der Vermerk von Zeithinweisen im Manuskript zählt zu den Regieanweisungen. Wenn sie notieren, wo Sie nach 10, 20, 30 Minuten sein wollen, dann können Sie bei Abweichungen rechtzeitig gegensteuern. Wer bei einem einstündigen Vortrag nach 50 Minuten zum ersten Mal auf die Uhr sieht und feststellt, dass er gerade die Einleitung abschließt, der wird es in der vorgesehenen Zeit nicht mehr schaffen.

## Namen, Zahlen und Zitate wörtlich aufschreiben

Keine Regel ohne Ausnahme! Das gilt auch für die Empfehlung, nur Stichworte aufzunehmen. Eine erste Abweichung ist bei Namen, Zahlen und Zitaten möglich. Die Gefahr sich zu versprechen ist geringer, wenn Sie Namen und Zahlen vollständig aufschreiben. Bei Zitaten kommt es zumeist auf die exakte Formulierung an. Beim Zitat im Fachvortrag verlangt dies die wissenschaftliche oder fachliche Korrektheit. Hier kann für die Dauer des Zitats auch der Blickkontakt eingestellt und das Zitat „vorgelesen" werden.

Zitate, die inzwischen Allgemeingut geworden sind (aus der Literatur, Politik, Werbung usw.), sind in der Regel kurze, schlagkräftige Aussagen. Ihre Wirkung hängt auch davon ab, wie gut sie vorgetragen werden. Hier bietet die wörtliche Niederschrift die Möglichkeit, sich nochmals über den genauen Wortlaut zu vergewissern, um dann das Zitat mit Blickkontakt und Gestik auszusprechen.

## Anfangssatz wörtlich aufnehmen

Eine zweite Ausnahme von der Regel, nur Stichworte aufzunehmen, ist der Anfangssatz. Schreiben Sie diesen wörtlich auf! Wörtlich aufschreiben muss nicht wörtlich vorlesen bedeuten. Gerade am Beginn eines Vortrags ist die Spannung besonders groß. Allein das Wissen darüber, dass der Anfangssatz wörtlich im Manuskript steht, reicht in der Regel aus, ihn auch frei aussprechen zu können. Und wenn der Kloß im Hals wirklich einmal besonders groß sein sollte, dann lesen Sie den ersten Satz eben vor. Das ist zwar nur die zweitbeste Lösung, aber Sie überwinden die Anfangsbarriere und werden sicherer fortfahren.

# Manuskriptreden nur in Ausnahmefällen

Es gibt einige Situationen, in denen es nicht ohne ein voll ausgearbeitetes Manuskript geht. Das kann notwendig sein, wenn es auf besonders exakte Formulierungen ankommt (z.B. bei einem wissenschaftlichen Vortrag). Auch wenn jemand den Vortrag eines anderen hält (z.B. wegen Krankheit des Redners) oder wenn ein Manuskript schon vorher eingereicht wurde und der Wortlaut eingehalten werden muss. Auch wer es sich leisten kann, Ghostwriter für sich arbeiten zu lassen, verfügt über ein Vollmanuskript. Dennoch sollte das Vollmanuskript auf wenige Ausnahmen beschränkt bleiben. Insbesondere ungeübte Redner glauben, durch eine voll ausgearbeitete Manuskriptrede mehr Sicherheit zu gewinnen. Sie übersehen dabei aber völlig die Einengung durch das Vollmanuskript. Es ist kaum möglich, vom Manuskript abzuweichen, ohne den Gedankenfluss der Rede zu zerstören.

Manche Redner fühlen sich sicherer, wenn sie ihren Vortrag zunächst einmal wörtlich ausarbeiten. In einem solchen Fall gibt es zwei Möglichkeiten: Entweder aus dem Vollmanuskript wird ein Stichwortmanuskript abgeleitet oder nur die Kernbegriffe im vollständig ausgearbeiteten Manuskript werden durch Markierung hervorgehoben und daraus werden die Sätze im Vortrag frei formuliert.

**Checkliste: Manuskriptgestaltung**

Wenn Manuskriptreden ausnahmsweise sein müssen, dann können folgende Empfehlungen hilfreich sein:

- Nehmen Sie nur blendfreies Papier im DIN-A4-Format, das Sie einseitig beschreiben.
- Nummerieren Sie die Seiten.
- Wählen Sie großen Zeilenabstand und eine ausreichende Schriftgröße, damit Sie trotz Blickkontakts die jeweilige Manuskriptstelle wieder finden.
- Zeilenlänge nach Sinneinheiten gestalten. Die Zeilen nicht bis hinten vollschreiben oder gar einzelne Worte trennen. Nehmen Sie nur die Wörter in eine Zeile auf, die zusammenhängend als Einheit gesprochen werden.
- Nehmen Sie die Regieanweisungen in das Skript auf.

### Möglichst nicht auswendig vortragen

Auswendig gelernte Vorträge sollte es überhaupt nicht geben. Sie wirken unnatürlich, weil es ihnen an Spontaneität und Überzeugungskraft fehlt. Der auswendig gelernte Text wird meistens mechanisch heruntergeleiert. Wer einen auswendig gelernten Vortrag hält, ist viel zu eng an den gelernten Text gebunden. Mögliche Störungen wirken sich viel deutlicher aus. Außerdem ist die Angst, hängen zu bleiben, wesentlich größer.

## Gefahren des freien Sprechens

Es gibt einige Redner, die das Talent haben, frei vor der Gruppe zu stehen und drauflos zu sprechen. Diese wenigen Naturtalente sind zu beneiden. Wer ein Thema gut beherrscht, der kann auch aus der Fülle seiner Gedanken einen Vortrag bestreiten. Aber diese Glücklichen sollten sich auch der Gefahren bewusst sein, die mit einer Rede ohne Manuskript verbunden sind:

- Oft wird in einem solchen Fall die (übliche) Redezeit überzogen. Das kommt bei der beruflichen Überzeugungsrede ebenso vor, wie bei der privaten Gelegenheitsrede (Onkel Franz findet wieder einmal kein Ende!). Besonders groß ist die Gefahr bei Diskussionsbeiträgen: Gute Argumente gehen unter, weil sie zu weitschweifig dargeboten werden.

- Es ist auch nicht auszuschließen, dass wichtige Einzelheiten vergessen werden.

- Ebenso kommt es häufig zu Wiederholungen, und es besteht die Gefahr, dass mehr oder weniger die gleichen Gedanken vorgetragen werden.

> Selbst wenn Sie glauben, sich Ihrer Sache völlig sicher zu sein, empfehlen wir, zumindest ein kleines Stichwortmanuskript zu erstellen. Das gilt bei beruflichen und privaten Redeanlässen. Auch dann, wenn es sich z.B. nur um eine „Pflichtübung" anlässlich des Geburtstags eines Mitarbeiters handelt. Sie zeigen damit Ihren Zuhörern, dass Sie sich auf diesen Anlass vorbereitet haben. Das bringt Pluspunkte.

Wenn Sie das Stichwortmanuskript vor Ihren Zuhörern nicht zeigen wollen, dann stecken Sie es eben in die Tasche. Sie wissen, dass Sie im Notfall auf das Manuskript zurückgreifen können. Dieses Wissen reicht zumeist aus und bringt die notwendige Sicherheit, sodass das Manuskript überhaupt nicht gebraucht wird.

## Übungen für den Stichwortzettel

Die folgenden Übungen helfen Ihnen, den Umgang mit dem Stichwortzettel zu trainieren. Wenn Sie einige Partner für ein Gruppentraining finden, haben Sie mehr Spaß dabei.

## Erzählen und berichten üben

Schreiben Sie sich einige Stichwörter über alltägliche Geschehnisse auf Stichwortzettel und versuchen Sie, darüber in möglichst packender und anschaulicher Weise zu berichten. Lassen Sie sich durch Zuhörer kontrollieren oder zeichnen Sie Ihren Bericht mit dem Tonband oder der Videokamera auf. Als Themen eignen sich

- berufliche Erlebnisse,
- der Verlauf einer Geschäftsreise,
- eine Situation im Straßenverkehr,
- eine Sportveranstaltung,
- ein Restaurantbesuch,
- ein Theaterbesuch.

## Drei-Worte-Übung

Diese Übung können Sie allein oder in der Gruppe durchführen. Auf einen Stichwortzettel werden drei (oder fünf) Hauptwörter notiert, aus denen spontan eine kleine Geschichte zu formulieren ist. Es kommt nicht darauf an, dass hochgeistige Geschichten erfunden werden. Es geht ausschließlich darum, den Umgang mit dem Stichwortzettel und das Reden nach Stichworten zu üben. Allerdings soll es eine kleine Geschichte sein und nicht nur ein einziger Satz. Die Reihenfolge, in der Sie die Ausgangsworte verwenden, spielt keine Rolle. Wenn Sie allein üben, sollten Sie sich durch Videoaufzeichnung oder Tonband überprüfen. Lassen Sie sich zuvor von jemandem Zettel mit jeweils drei (fünf) Wörtern schreiben oder verwenden Sie die folgenden Vorschläge:

- Katze – Schreibtisch – Weintrauben
- Anwalt – Hochhaus – Bindfaden
- Schornsteinfeger – Kugelschreiber – Liebe
- Lexikon – Papiertaschentuch – Urlaub
- Sonderangebot – Rechtsanwalt – Sonnenuhr
- Elefant – Taschenlampe – Traum – Packpapier – Kirschbaum
- Handtuch – Holzschuhe – Temperament – Urlaub – Bleistift
- Kochbuch – Konzert – Fahrkarte – Werbung – Freiheit
- Filmstar – Braunkohle – Wahlkampf – Bierflasche – Werkstatt
- Bauhütte – Fernglas – Weihnachten – Hochzeit – Politik

Wenn Sie in der Gruppe üben, dann ist es lustiger, wenn die Gruppe dem jeweiligen Redner drei oder fünf Worte zuruft. Dieser schreibt die Worte auf einen Zettel und beginnt sofort seine Geschichte. Achten Sie darauf, dass wirklich sofort begonnen wird; durch zu langes Nachdenken könnte eine Blockade entstehen.

## Reden mit fremdvorbereiteten Stichworten

Dies ist eine Gruppenübung, die Sie auch als kleines Gesellschaftsspiel anwenden können. Die Übung war im Seminar oft die Schlüsselübung für viele Teilnehmer, um zu erkennen, dass das Reden nach Stichworten leichter ist, als viele glauben.

Bereiten Sie Kärtchen vor, auf denen die folgenden oder ähnlich einfache Themen stehen:

- Oma kommt zu Besuch.
- Frühstück am Sonntagmorgen.
- Hausschlüssel verloren.
- Ich esse nicht gerne Spinat.
- 50 Euro gefunden.
- Ich trete in einen Verein ein.
- Der neue Nachbar.
- Einen unangenehmen Brief schreiben.
- Ich will abnehmen.
- Besuch beim Arzt.
- Wir gehen Schlitten fahren.
- Kindergeburtstag.
- Ein Theaterbesuch.
- Unser nächstes Urlaubsziel.
- Abendessen im Gasthaus.
- Eine Wanderung.

Es müssen einfache Themen sein, bei denen Sie sicher sind, dass jeder dazu etwas sagen kann. Jeder Teilnehmer zieht ein Thema und schreibt dann zu diesem Thema acht bis zehn Begriffe auf einen Stichwortzettel. Diese sammeln Sie dann wieder ein und verlosen sie anschließend so unter den Teilnehmern, dass niemand seinen eigenen Zettel erhält. Anhand der vorgegebenen Stichworte hält nun jeder einen kleinen Vortrag. Da es einfache Themen sind, hat niemand Probleme, sich zu den aufgeschriebenen Stichworten zu äußern. Der Reiz besteht u.a. darin, dass der Redner bei manchen Begriffen an etwas ganz anderes denkt als der ursprüngliche Autor.

Wegen des spielerischen Charakters dieser Übung wird vielen Teilnehmern erst nachträglich bewusst, dass sie einen mehrere Minuten dauernden Vortrag gehalten haben, dessen Manuskript von einem anderen vorbereitet wurde.

# Wichtige Aussagen visualisieren

Informationen werden nicht nur über das Ohr, sondern in wesentlich größerem Umfang über das Auge wahrgenommen. Die folgenden Erfahrungswerte zeigen, dass das reine Zuhören nur zu sehr begrenzten Erinnerungswerten führt. Wir behalten von dem, was wir wahrnehmen bzw. tun:

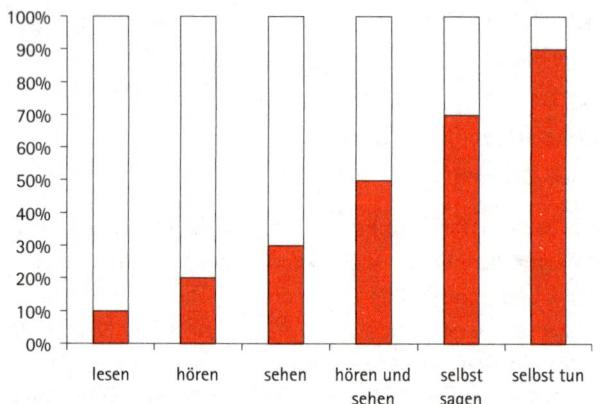

Erhöhen Sie das Behalten und die Wirksamkeit Ihrer Rede durch den Einsatz von Hilfsmitteln. Als Hilfsmittel eignen sich grundsätzlich alle Möglichkeiten, durch welche die gesprochenen Ausführungen visuell unterstützt werden. Zu den wichtigsten visuellen Hilfsmitteln zählen:

- Weißwandtafel (Whiteboard) und Flipchart,
- Pinnwand,
- Beamer,
- Film und Video.

## Die Visualisierung hat viele Vorteile

Größere Verständlichkeit und besseres Behalten sind nur zwei Vorteile der Visualisierung. Oft ist es auch wesentlich einfacher, komplizierte Zusammenhänge bildhaft oder schriftlich darzustellen. Das kann zu einer Verkürzung des Redeaufwands beitragen. Bei längeren Ausführungen ist für die Zuhörer der berühmte „rote Faden" nicht immer zu erkennen. Durch die Visualisierung der Gliederung besteht die Möglichkeit, sich jederzeit neu zu orientieren. Eine während des gesamten Vortrags sichtbare Gliederung bietet auch einem Nachzügler die Möglichkeit, in einen bereits begonnenen Vortrag einzusteigen.

> Nicht jeder ausgesprochene Gedanke hat die gleiche Bedeutung. Durch die Visualisierung können Sie das Wesentliche Ihres Vortrags herausstellen und untermauern.

In Diskussionen trägt die Visualisierung zur Versachlichung bei, weil Argument und Person durch die schriftliche Darstellung getrennt werden.

## Weißwandtafel oder Flipchart

Die Weißwandtafel oder das Flipchart zählen zur Mindestausstattung an visuellen Hilfsmitteln. Das Flipchart ist ein Ständer mit einem großen Papierblock. Es hat gegenüber der Tafel einige Vorteile:

- Die Aufzeichnungen sind besser lesbar.

- Aufzeichnungen früherer Vortragsphasen können bei Bedarf zurückgeholt werden.

- Größere Niederschriften (z.B. Tabellen) können vor dem Vortrag vorbereitet werden, ohne dass sie von den Teilnehmern wahrgenommen werden.

- Aufzeichnungen können bei Bedarf aufbewahrt werden.

### Tafel und Flipchart richtig nutzen

Tafel und Flipchart haben den wesentlichen Nachteil, dass der Redner beim Anschreiben den Zuhörern den Rücken zuwendet. Versuchen Sie, sich so zu stellen, dass die Schreibfläche nicht völlig verdeckt wird. Sprechen Sie den anzuschreibenden Text laut mit und drehen Sie sich bei größeren Niederschriften öfter einmal um. Diese Probleme lassen sich dann vermeiden, wenn Sie größere Niederschriften vorbereiten. Das ist vor allem beim Flipchart möglich. Denken Sie aber daran, dass vorbereitete Aufzeichnungen unbedingt kommentiert werden müssen!

# Pinnwand

Haft- und Stecktafeln eignen sich zum Anbringen von vorbereitetem Material und für das Entwickeln von Gedanken während eines Vortrags. Sie kommen vor allem bei Vorträgen vor kleineren Gruppen zum Einsatz. Bei den Stecktafeln dominieren inzwischen die aus der Moderationsmethode (Meta-Plan-Methode) übernommenen Pinnwände. Die zugehörigen Materialien sind:

- Packpapier,
- Kärtchen unterschiedlicher Größe, Farbe und Form,
- Nadeln und Klebestifte,
- Filzstifte unterschiedlicher Farbe und Stärke.

Über das Anheften eigener Materialien (Gliederung, Schlagworte, Spontanideen während des Vortrags) hinaus bietet die Pinnwand die Möglichkeit, die Teilnehmer zu aktivieren (Abfragen durch Zuruf, Kartenabfragen, Aabfragen/Gewichten).

**Checkliste: Beschriften der Kärtchen**

- Groß- und Kleinbuchstaben verwenden.
- Jeder Gedanke erhält ein eigenes Kärtchen.
- Wenige Stichworte – keine ganzen Sätze.
- Groß genug schreiben und höchstens drei Zeilen pro Kärtchen.

# Beamer

Die Folien für die Beamerpräsentation werden auf dem PC erstellt (meist mit der Software PowerPoint) und auch über diesen abgerufen. In diesem Fall können Folien das Stichwortmanuskript ersetzen. Im Vergleich zu Tafel und Flipchart hat der Beamer den Vorteil, dass der Redner den Zuhörern nicht den Rücken zukehren muss. Allerdings zeigt die Erfahrung, dass sowohl bei der Vorbereitung als auch beim Einsatz von Folien viele Fehler gemacht werden.

## Foliengestaltung

Haben Sie nicht auch schon eine Folie in winziger Schrift erlebt? Wer nur einen gedruckten Text auf Folie kopiert, der tut zu wenig. Eine Folie wird nur dann ihren Zweck erfüllen, wenn sie für die Zuhörer ohne Probleme lesbar ist.

## Checkliste: Foliengestaltung

- Behandeln Sie pro Folie immer nur ein Thema und schreiben Sie nicht zu viel Text auf eine Folie.
- Nehmen Sie nur Schlagworte auf und keine vollständigen Texte. Ausnahme: Zitate und Definitionen.
- Gliedern Sie die Folien in Textblöcke oder mit Aufzählungszeichen (bzw. nummerieren Sie die Punkte).
- Nur Schlagworte aufnehmen, keine vollständigen Texte.
- Verwenden Sie eine gut lesbare Schrift (z. B. Arial) und Groß- und Kleinbuchstaben, Mindestschriftgröße 24 pt.
- Schaffen Sie Abwechslung und lenken Sie die Aufmerksamkeit der Zuhörer durch unterschiedliche Farben.
- Setzen Sie bildhafte Elemente ein, z. B. Diagramme für die Darstellung von Zahlen.

## Fehler beim Folien- und Beamereinsatz

Zwei Fehler kommen beim Beamereinsatz häufig vor:

- Die Projektion wird verdeckt, weil der Redner zwischen Beamer und Leinwand steht.

- Der Redner kommentiert gegen die Leinwand statt zu seinen Zuhörern.

Gerade die Möglichkeit, den Blickkontakt zu den Zuhörern zu behalten, ist aber ein Hauptvorteil des Beamers gegenüber der Tafel.

### Checkliste: Beamereinsatz

- Sprechen Sie zum Publikum und nicht zur Leinwand oder zum Bildschirm.
- Setzen Sie nicht zu viele Folien ein.
- Lesen Sie die Folien nie vor, sondern kommentieren Sie diese.
- Heben Sie wichtige Aussagen durch einen Laserzeiger (Laserpointer) hervor.
- Kündigen Sie Folienwechsel an.
- Wenn Sie ein Thema vertiefen oder eine Zwischenfrage beantworten, schalten Sie auf „schwarzen Bildschirm" – so verhindern Sie, dass die Zuhörer abgelenkt sind.
- Bei längeren Folien oder komplexen Darstellungen lassen Sie die Folien per Animation in der Software Stück für Stück erscheinen. Damit lenken Sie die Aufmerksamkeit der Zuhörer und erleichtern ihnen das Verständnis.
- Sorgen Sie im Vorfeld dafür, dass Sie die Technik perfekt beherrschen:
  Wie schließen Sie den Computer an den Beamer an?
  Wie schalten Sie den Beamer an und aus?
  Wie lange braucht das Gerät, um warm zu laufen?

Wie schalten Sie den PC von der Bildschirmdarstellung
auf den Beamer um?
Wie blättern Sie vor und zurück und wie schalten Sie den
Bildschirm auf schwarz?

- Überprüfen Sie rechtzeitig, ob alle Zuhörer die Präsenta-
tion gut sehen können:
Ist der Beamer richtig platziert?
Stimmt die Schärfe und ist das Gerät lichtstark genug?
Passen die Lichtverhältnisse? Verdunkeln Sie gegebenen-
falls den Raum.
Sind Farben und Schrift gut zu erkennen?

## Film und Video

Für viele Themen können fertige Videofilme bezogen werden.
Film- und Videoeinsatz sollten bei Überzeugungs- und Gelegenheitsreden allerdings die Ausnahme sein. Sie lenken zu
stark ab. Denkbar ist ein Film zum Einstieg (Interesse wecken)
bei Sachvorträgen, Präsentationen und Seminaren.

### Checkliste: Film- und Videoeinsatz

- Eignet sich der Film für die Zuhörergruppe?

- Bin ich mit dem Film und dem Begleitmaterial selbst
ausreichend vertraut?

- Soll der Film ganz oder in Sequenzen gezeigt werden?
Diese Entscheidung ist teilnehmerabhängig zu treffen.
Und: Je länger ein Film ist, desto notwendiger ist die
Bildung von Sequenzen. Zu lange Filmpassagen ermüden
und das Interesse für den Vortrag geht verloren.

- Sind alle im Film vorkommenden Begriffe bekannt?
- Ist eine Nacharbeit erforderlich?
- Welche Fragen werden von den Zuhörern voraussichtlich zum Film gestellt?
- Welche Fragen stellt der Redner an die Zuhörer?
- Steht die erforderliche Technik zur Verfügung?
- Wer sorgt für die Vorbereitung der Technik?
- Bin ich mit der Technik ausreichend vertraut?

## Hilfsmittel beherrschen

Machen Sie sich rechtzeitig mit Ihren Hilfsmitteln vertraut. Der Redner, der aufgeregt nach dem Einschaltknopf des Mikrofons oder Beamers sucht, überzeugt nicht. Falls der Beamer ausfällt, müssen Sie Alternativen vorbereitet haben. Wenn Sie zum ersten Mal mit Mikrofon sprechen, sollten Sie sich vorher damit vertraut machen: Welcher Abstand ist einzuhalten? Wie laut muss gesprochen werden? Gibt es keine störende Rückkoppelung? Prüfen Sie auch den Standort Ihrer Hilfsmittel: Können alle Anwesenden auf die Leinwand, das Flipchart oder die Pinwände sehen?

## Nicht übertreiben

Vorsicht vor zu viel Visualisierung! Leider gibt es Redner, die mit Unmengen von Folien oder ganzen Flipchartblöcken anreisen. Aus dem Vortrag wird dann eine Kommentierung des vorbereiteten Materials. Die Zuhörer werden überfordert und die Vorteile der Visualisierung gehen verloren. Die Hilfsmittel sollen das gesprochene Wort unterstützen, aber nicht verdrängen.

| Auf einen Blick: Hilfsmittel einsetzen |
|---|
| ■ Bereiten Sie ein Stichwortmanuskript vor – das bringt Ihnen Sicherheit beim freien Sprechen. |
| ■ Verwenden Sie für Ihr Stichwortmanuskript dünne Kartons im DIN-A6-Format, die Sie nur einseitig und in genügend großer Schrift beschreiben. Jede Karte enthält ein oder zwei Hauptgedanken sowie Regieanweisungen. |
| ■ Die Visualisierung von Informationen ist ein wichtiger Bestandteil einer Rede. Sie erhöht deren Wirksamkeit um ein Vielfaches. |
| ■ Ob Flipchart, Weißwandtafel oder Beamer, die Grundregel lautet: Nie zu viele schriftliche Informationen auf einmal bringen. Ihre Zuhörer sollen nicht mit Lesen beschäftigt sein! Auch Sie selbst sollten nie ablesen. |
| ■ Vernachlässigen Sie trotz der Hilfsmittel nie den Blickkontakt zu den Zuhörern. |
| ■ Sie sollten die technischen Hilfsmittel perfekt beherrschen. Machen Sie sich am besten vor der Rede damit vertraut und überprüfen Sie die Funktionstüchtigkeit. |

# Überzeugend sprechen und auftreten

Der Erfolg Ihrer Rede hängt entscheidend auch davon ab, wie Sie sprechen und vor Ihrem Publikum auftreten.

In diesem Kapitel lesen Sie, wie Sie

- klar und verständlich vortragen,
- zielgruppengerecht formulieren,
- bei Artikulation, Lautstärke, Sprechtempo und Sprechpausen alles richtig machen,
- Ihr Publikum durch Ihre Körpersprache überzeugen.

# Dimensionen der Verständlichkeit

Verständlichkeit ist eine der wichtigsten Voraussetzungen, um Informationen erfolgreich weiterzugeben. Wer seine Gedanken vor anderen präsentiert, muss sich überlegen, ob diese bei den Adressaten auch ankommen.

> Nichts ist schwerer, als bedeutende Gedanken so auszudrücken, dass jeder sie verstehen muss. *(Schopenhauer)*

Die Bedeutung der Verständlichkeit für den Redeerfolg wird häufig unterschätzt. Untersuchungen einer Hamburger Forschergruppe (Langer/Schulz v. Thun/Tausch) haben gezeigt, dass die Verständlichkeit gesprochener (und geschriebener) Texte von vier Dimensionen der sprachlichen Gestaltung abhängt:

- Einfachheit,
- Gliederung und Ordnung,
- Kürze und Prägnanz,
- zusätzliche Stimulanz.

## Einfachheit

Je einfacher Sie sprechen, umso besser werden Sie verstanden. Dies ist eine Binsenweisheit und dennoch wird ständig dagegen verstoßen. Leider ist es nicht nur der Wissenschaftler, dem nachgesagt wird, dass er sich nicht von seiner komplizierten Fachsprache lösen kann.

Jeder Sachverhalt kann in unkomplizierter Weise mit geläufigen und anschaulichen Formulierungen erläutert werden. Je schwieriger der Inhalt ist, umso wichtiger ist eine einfache Darstellung. Kurze Sätze, bekannte Wörter sowie nachvollziehbare Bilder und Vergleiche sind die wesentlichen Instrumente. Durch visuelle Unterstützung wird eine einfache Darstellung zusätzlich gefördert.

## Gliederung – Ordnung

Die Forderung nach Gliederung und Ordnung wird in doppelter Weise verstanden:

Die „innere Gliederung" verlangt eine sinnvolle Reihenfolge der Gedanken. Die Sätze und Absätze sind folgerichtig aufeinander bezogen und stehen nicht beziehungslos nebeneinander. Wesentliches wird vom Unwesentlichen unterschieden; der „rote Faden" bleibt erkennbar.

Durch die „äußere Ordnung" wird der Textaufbau dem Zuhörer verständlich gemacht. Das erreichen Sie durch Vor- und Zwischenbemerkungen, Hervorhebungen und Zusammenfassungen, Betonungen und Pausen sowie visuelle Unterstützungen (z.B. die Gliederung auf einem Flipchart).

## Kürze – Prägnanz

Hier geht es darum, dass die Länge des Textes in einem angemessenen Verhältnis zum Redeziel steht. Eine zu knappe Darstellung kann ebenso das Verständnis beeinträchtigen, wie zu weitschweifige Ausführungen, die sich im Detail verlieren. Weitschweifigkeit kann sich durch einen Beginn bei Adam und Eva, überflüssige Erläuterungen, das Abschweifen vom Thema, umständliche Formulierungen, Füllwörter und leere Phrasen ergeben.

## Zusätzliche Stimulanz

Viele Redeinhalte sind langweilig und trocken. In solchen Fällen muss der Redner das Interesse seiner Zuhörer durch „anregende Zutaten" wach halten. Viele Möglichkeiten stehen Ihnen zur Verfügung: treffende Beispiele, rhetorische Fragen, direktes Ansprechen der Zuhörer, Reizwörter, aktives Mittun, humorige Formulierungen, gelungene Zitate oder auch eine spontane Pause.

Natürlich müssen auch diese Stimulatoren in einem ausgewogenen Verhältnis zum übrigen Inhalt stehen. Der Redner, der nur noch Witze erzählt, unterhält zwar für eine gewisse Zeit, aber er verfehlt sein Redeziel. Zu viele zusätzliche Stimulatoren können die Übersichtlichkeit und Prägnanz gefährden.

# Auf die richtige Sprache kommt es an

Viele Redner stehen auf dem Standpunkt, dass sich der Hörer nach ihnen zu richten hat. Umgekehrt ist es dagegen richtig. Der Redner muss sich um seine Zuhörer bemühen. Tut er das nicht, dann wird er nicht verstanden und die Zuhörer werden abschalten. Folgende sprachlichen Empfehlungen sollten Sie beachten:

1   Kurze Sätze bilden.

2   Einschiebungen vermeiden.

3   Fachbegriffe vor Laien vermeiden oder erklären.

4   Fremdwörter sparsam einsetzen.

5   Modewörter und Schlagwörter vermeiden.

6   Keinen Konjunktiv verwenden.

7   Füllwörter vermeiden.

8   Vergleiche und Beispiele bringen.

9   Keine zu ausgeprägte Dialektfärbung.

## 1 Kurze Sätze bilden

Die Forderung nach kurzen Sätzen ist ein Grund, warum wir uns gegen das voll ausgearbeitete Manuskript und für das Stichwortmanuskript ausgesprochen haben. Ein in langer Vorbereitung entstandener Gedanke muss von den Zuhörern in dem Augenblick verstanden werden, in dem er ausgesprochen wird.

Bei einem voll ausgearbeiteten Manuskript bemühen wir uns zwangsläufig um geschliffene, ausgefeilte Formulierungen. Bandwurm- und Schachtelsätze werden sich nicht vermeiden lassen, weil immer mehr in einen Satz gepackt wird. Mag ein derart formulierter Satz auf dem Papier noch so perfekt erscheinen, er wirkt hölzern, wenn er vorgetragen wird. Sätze mit mehr als 15 Wörtern werden von rund der Hälfte der Erwachsenen nicht mehr verstanden. Das Stichwortmanuskript bietet dagegen die Chance für kurze Sätze.

Kurze Sätze sind das Geheimnis des guten Redners. Jeder Hauptgedanke gehört in einen neuen Satz. Das bedeutet nicht, dass wir auf Nebensätze völlig verzichten müssen. Eine Rede soll nicht im Telegrammstil gehalten werden. Aber wenn schon Nebensätze sein müssen, dann immer nur einer pro Satz.

## 2 Einschiebungen vermeiden

Auf Einschiebungen sollten Sie weitgehend verzichten. Denken Sie daran, die Zuhörer hören Sie nur einmal und müssen das Gesagte verstanden haben. Ein Leser dagegen kann einen schwierigen Gedanken mehrmals lesen.

## 3 Fachwörter vor Laien vermeiden oder erklären

Bei Fachthemen werden sich Fachbegriffe manchmal nicht vermeiden lassen. Das ist vor Fachleuten kein Problem. Wenn jedoch Laien dabei sind, dann muss der Fachbegriff unbedingt erklärt werden. Das gilt auch für Abkürzungen, die nicht allgemein bekannt sind.

Versetzen Sie sich in die Rolle der Zuhörer und prüfen Sie, ob die verwendeten Begriffe zusätzlich erläutert werden müssen. Denken Sie einmal zurück an Ihren letzten Arztbesuch. Hat der Arzt seine Fachsprache verwendet oder hat er seine Diagnose und Therapie so erläutert, dass Sie alles verstanden haben?

Viele Zuhörer werden nicht zugeben, dass sie Fremdwörter und Fachbegriffe nicht verstehen. Mancher wird sogar beeindruckt sein, denn das Vorgetragene klingt doch ganz anspruchsvoll. Aber ist ein solcher Redeerfolg nicht zu dürftig? Wir reden doch, um zu überzeugen, zu informieren oder zu würdigen. Die Voraussetzung, um diese Ziele zu erreichen, ist in allen drei Fällen dieselbe: Wir müssen verstanden werden.

### 4 Fremdwörter sparsam einsetzen

Ein Vortrag wird durch eine Anhäufung von Fremdwörtern nicht besser, sondern er ist nur schwerer verständlich. Setzen Sie Fremdwörter sparsam und dem Bildungsstand der Zuhörer angemessen ein. Fremdwörter sind dann erlaubt, wenn sie allgemein verstanden werden und wenn sie treffender sind als das entsprechende deutsche Wort. Außerdem muss sicher sein, dass Redner und Zuhörer unter einem bestimmten Begriff dasselbe verstehen.

## 5 Modewörter und Schlagwörter vermeiden

Eine „Mega"-Formulierung, die heute noch „total cool" und „voll der Hit" war, ist morgen schon wieder „out". Modewörter wird es zu jeder Zeit geben. Im Vortrag sollten sie grundsätzlich vermieden werden, denn sie werden vom kritischen Zuhörer als einfallslos empfunden. Wenn Sie Modewörter einsetzen, dann sollten Sie durch Betonung und Körpersprache erkennen lassen, dass Sie diese Worte bewusst (ironisch!) verwendet haben.

Auch Schlagwörter aus der Politik oder Werbung sollten Sie nur nach reiflicher Überlegung verwenden. Prüfen Sie genau, ob nicht durch eine solche Formulierung eine falsche Richtung in Ihre Aussage kommt.

## 6 Keinen Konjunktiv verwenden

„Ich würde sagen" und „Ich würde meinen" sind zwei Formulierungen, die wir auch bei profilierten Rednern immer wieder hören. Aber auch eine noch so häufige Verwendung macht diese Aussagen nicht besser.

Es gibt zwei Erklärungen für diesen überflüssigen Konjunktiv. Zum einen wird er wegen des häufigen Gebrauchs von vielen Rednern gedankenlos übernommen. Zum anderen handelt es sich um Unsicherheit oder eine unbewusste Scheu vor einer uneingeschränkten Aussage. Der Redner möchte doch überzeugen und seine Zuhörer zu einem bestimmten Verhalten veranlassen. Dann muss er auch dazu stehen und das deutlich äußern. Also nicht „Ich würde vorschlagen ..." sondern „Ich schlage vor ..." Oder stellen Sie sich den Politiker auf Wahlreise vor, der seine Ausführungen mit der Formulierung beendet: „Ich würde meinen, Sie sollten am Sonntag die XY-Partei wählen."

## 7 Füllwörter vermeiden

Die beiden bekanntesten Füllwörter sind die Wörtchen „äh" und „nh". Ein Seminarteilnehmer hat sie einmal als Denkgeräusche bezeichnet. Lassen Sie sich von Freunden oder der Familie überprüfen, ob Sie zu diesen Füllern neigen. Wenn ja, dann sollten Sie sich durch Regieanweisungen auf jedem Stichwortkärtchen daran erinnern. Es ist dann nur eine Zeitfrage, bis Sie ohne diese Störer sprechen können.

Eine zweite Gruppe von Füllwörtern, sind Wörter wie „also", „eigentlich", „sozusagen", „an und für sich", „wohl", „selbstredend" oder „halt". Sie sind zumeist überflüssig. Auch hier sollten Sie sich überprüfen lassen und durch Training für Abhilfe sorgen.

## 8 Vergleiche und Beispiele bringen

Sprechen Sie anschaulich und bringen Sie Vergleiche und Beispiele! Dadurch werden Ihre Ausführungen abwechslungsreicher und Sie helfen den Zuhörern, das Vorgetragene auf die eigene Situation zu übertragen.

Natürlich müssen es Beispiele aus dem Problemfeld der Zuhörer sein. Durch die Formulierungen „zum Beispiel" und „Stellen Sie sich einmal Folgendes vor" lenken Sie das Denken der Zuhörer in die gewünschte Richtung.

### 9 Keine zu ausgeprägte Dialektfärbung

Manche Teilnehmer des Rhetorikseminars hatten Angst, sich wegen ihres Dialekts zu blamieren. Tatsächlich ist dieses Problem kleiner als es viele vermuten. Zunächst hängt die Frage, ob Dialekt oder nicht, vom Zuhörerkreis und vom Thema ab. Die Gelegenheitsrede im Freundeskreis oder die kurze Ansprache des Meisters vor seinen Mitarbeitern unterscheiden sich vom großen Festvortrag. Grundsätzlich gilt: Der Redner muss verstanden werden. Dazu ist kein absolutes Schriftdeutsch erforderlich. Leichte Dialektanklänge, die erkennen lassen, aus welcher Region ein Redner stammt, werden akzeptiert.

## Rhetorische Fragen verwenden

Rhetorische Fragen sind eines der wirksamsten sprachlichen Mittel, das dem Redner zur Verfügung steht. Wir haben sie schon als Möglichkeit erwähnt, um in einen Vortrag einzusteigen. Beim Einsatz der rhetorischen Frage formulieren Sie einen Gedanken als Frage, die jedoch nicht von den Zuhörern beantwortet wird. Entweder die Frage beantwortet sich von selbst oder die Antwort ergibt sich aus den weiteren Darlegungen des Redners. Der richtige Einsatz der rhetorischen Frage hat mehrere Vorteile.

### Zuhörer zum Mitdenken bringen

Durch rhetorische Fragen wird die Aufmerksamkeit der Zuhörer gewonnen oder wiedergewonnen. Ein in Frageform ausgesprochener Gedanke „weckt" die Zuhörer, sodass diese dem Redner wieder folgen und sich mit seinen Gedanken befassen.

**Beispiele**

„Welche Vorteile gibt es? Erstens ..."

„Sollen wir nun zustimmen oder nicht? Ich bin der Meinung ..."

## Widerspruch vermeiden

Forderungen an die Zuhörer sowie kritische oder provozierende Äußerungen können durch die rhetorische Frage etwas „entschärft" werden. Im Gegensatz zur Behauptung lässt die Frageform dem Zuhörer noch Spielraum, sich diesen Gedanken zu Eigen zu machen.

**Beispiele**

In einem Betrieb soll samstags wieder gearbeitet werden. Vergleichen Sie die Wirkung der beiden folgenden Formulierungen:

„Um die Maschinen besser zu nutzen und die Arbeitsplätze zu erhalten, müssen wir wieder samstags arbeiten!"

oder

„Sollten nicht auch wir wieder samstags arbeiten, um die Maschinen besser zu nutzen und damit die Arbeitsplätze zu erhalten?"

## Übergang zu einem neuen Kapitel

Die rhetorische Frage ist ein elegantes Mittel, um einen neuen Abschnitt (Gedanken, Teilaspekt) einzuleiten.

**Beispiel:**

 „Soweit die Problemsituation. Was für Lösungen kann ich Ihnen nun vorschlagen?"

Im Rhetorikseminar hat sich gezeigt, dass die meisten Teilnehmer die rhetorische Frage sowieso schon in ihrem sprachlichen Repertoire hatten. Lassen Sie sich einmal überprüfen, wie es bei Ihnen aussieht! Wenn Sie in einem Vortrag an einer ganz bestimmten Stelle mit der rhetorischen Frage arbeiten wollen, dann setzen Sie im Stichwortmanuskript vor das entsprechende Stichwort ein Fragezeichen.

# Wiederholungen einbauen

An anderer Stelle haben wir davon gesprochen, die Zuhörer nicht durch eine Überfülle an Informationen zu überfordern. Dem Zuhörer ist mehr geholfen, wenn wichtige Aussagen durch Wiederholungen vertieft werden. Durch Wiederholungen wird verdeutlicht, worauf es wirklich ankommt; außerdem wird das Behalten gefördert.

Wiederholung bedeutet in diesem Zusammenhang nicht nur eine wörtliche Wiederholung. Auch durch Zusammenfassungen, erläuternde Beispiele, zusätzliche Bezüge oder Synonyme kann ein entscheidender Gedanke nochmals betont werden. Wiederholungen dieser Art müssen keinen Widerspruch zur Forderung nach Kürze und Prägnanz darstellen.

# Sprechtechnik

Ebenso wie die Sprache ist auch die Sprechtechnik ein wichtiger Erfolgsfaktor beim Reden. Zur Sprechtechnik gehören die Artikulation, die Lautstärke, das Sprechtempo und die Sprechpausen. Die Erfahrung im Rhetorikseminar hat gezeigt, dass die sprechtechnischen Qualitäten der meisten Teilnehmer viel besser waren, als es diese selbst wahrhaben wollten. Eine unerlässliche Voraussetzung für eine gute Sprechtechnik ist die Atmung.

## Artikulation

Stören Sie sich nicht daran, dass Sie vom Klang Ihrer Stimme enttäuscht sind, wenn Sie diese zum ersten Mal über Video oder Tonband hören. Das geht fast jedem so. Dabei ist es immer nur der Redner selbst, der mit der eigenen Stimme nicht zufrieden ist. Unser Umfeld ist an diese Stimme gewöhnt. Akzeptieren auch Sie Ihre Stimme, wie sie ist. Lassen Sie sich von der Familie, Freunden oder Bekannten bestätigen, dass Ihre Stimme ganz normal klingt.

Kontrollieren Sie sich selbst mit Tonband oder lassen Sie sich überprüfen, ob Sie deutlich sprechen. Wenn Ihnen eine deutliche Aussprache bestätigt wird, dann sollten Sie keine weitere Zeit auf eine Änderung der Stimme verwenden. Diese hat sich schließlich im Lauf der Jahre so entwickelt und kann nicht kurzfristig geändert werden.

Wenn Sie dagegen undeutlich sprechen, dann sollten Sie Ihre Aussprache durch Training verbessern. Undeutlich und schwer verständlich wird Ihr Sprechen, wenn Sie Silben verschlucken, in den Bart nuscheln oder quetschen.

Quetschen heißt, der Redner nimmt die Zähne nicht auseinander. Die Zuhörer schalten ab, wenn ein Redner zu undeutlich spricht.

Teilweise wird die Artikulation durch das Sprechtempo beeinflusst. Ein mäßiges Sprechtempo trägt zu einer deutlicheren Aussprache bei und es ermöglicht, sinntragende Wörter und Silben zu betonen.

## Lautstärke

Für die Lautstärke kann kein allgemein gültiger Wert angegeben werden. Die notwendige Grundlautstärke hängt vom Thema, den Zuhörern und der Umgebung ab. Wenn Sie sich nicht sicher sind, ob Ihre Lautstärke der Situation angemessen ist, dann lassen Sie sich von einem guten Freund überprüfen.

> Zu lautes Sprechen ist oft spannungsbedingt; zu leises Sprechen kann ein Zeichen von Schüchternheit sein. Durch einen Wechsel in der Lautstärke können Sie für Dynamik und Abwechslung sorgen.

## Sprechtempo

Variieren Sie mit dem Sprechtempo. Je wichtiger ein Gedanke ist, umso langsamer sollte er ausgesprochen werden. Nur auf diese Weise stellen Sie sicher, dass die Zuhörer Ihre Kerngedanken auch verarbeiten können. Durch Tempoverzögerungen können Sie zusätzlich Spannung erzeugen.

Leider gibt es sehr viele Schnellsprecher. Die Ursachen können Nervosität, Unsicherheit oder Desinteresse am Zuhörer oder Thema sein. Wenn Sie zu schnell sprechen, dann wird die Aufnahmefähigkeit der Zuhörer überfordert und wichtige Aussagen gehen verloren. Wenn Sie über das richtige Sprechtempo im Zweifel sind, dann sprechen Sie eher etwas langsamer als schneller.

Seltener kommt es vor, dass zu langsam gesprochen wird. Ursachen können eine schlechte Vorbereitung und mangelnde Konzentration sein. Als Folge des langsamen Sprechens langweilen sich die Zuhörer und schalten eventuell ab. Das ideale Sprechtempo liegt bei 100 bis 130 Wörtern pro Minute.

# Gönnen Sie sich und den Zuhörern Pausen

Durch Sprechpausen kann ein zu schnelles und hektisches Sprechtempo zumindest teilweise wieder ausgeglichen werden. Außerdem ist die Pause ein wichtiges rhetorisches Wirkungsmittel. Leider machen viele Redner zu wenige und vor allem zu kurze Sprechpausen. Sie glauben, schon nach zwei oder drei Sekunden weitersprechen zu müssen.

Pausen sind neben den Veränderungen im Tonfall ein Mittel, um die Interpunktion einer Aussage (Satzende, Kommata, Absätze, Gedankenstriche usw.) sprachlich auszudrücken. Auch die inhaltliche Gliederung in Abschnitte kann durch Pausen verdeutlicht werden. Durch bewusst gesetzte Sprechpausen können dramaturgische Effekte erzielt werden. Die Sprechpause nützt sowohl dem Redner selbst als auch dem Zuhörer.

Der Redner benötigt die Pause,

- um Atem zu holen,
- um den nächsten Gedanken zu formulieren,
- um Blickkontakt zu den Zuhörern aufzunehmen,
- um zu kontrollieren, ob er verstanden wurde, und
- um zu prüfen, ob er mit seinen Ausführungen ankommt.

Die Zuhörer benötigen die Pause,

- um nachzudenken und das Gehörte gedanklich einzuordnen und zu verarbeiten,
- um die Wirkung mancher Aussagen zu verdauen (z. B. eine provozierende These, aber auch Lachen nach einem Gag),
- um evtl. kurz miteinander zu diskutieren und
- um sich von der Fülle neuer Gedanken zu erholen und zu entspannen.

Pausen sind außerdem ein Mittel,

- um ein zu schnelles oder hektisches Sprechtempo auszugleichen,
- um die Ausführungen sinnvoll zu gliedern,
- um Spannung zu erzeugen,
- um Höhepunkte (Kernaussagen, Thesen, Forderungen, Fazit usw.) eines Vortrags vorzubereiten und
- um die erforderliche Ruhe herzustellen, z. B. am Beginn eines Vortrags (Blick zunächst schweifen lassen) oder während des Vortrags, z. B. bei unqualifizierten Zwischenrufen.

# Übungen zur Sprechtechnik

## Laut lesen

Die einfachste Übung ist, laut und deutlich zu lesen. Nehmen Sie Übungstexte oder Texte, die Sie sowieso lesen würden (Zeitung, Zeitschriftenartikel). Achten Sie auf die Aussprache, die Lautstärke und das Sprechtempo. Kontrollieren Sie Ihre Aussprache durch Tonbandaufzeichnungen.

## Texte kodieren

Wenn Sie mit der Sprechqualität beim Lesen nicht zufrieden sind, dann müssen Sie die Texte vorher kodieren. Nehmen Sie verschiedenfarbige Markierungsstifte und kennzeichnen Sie vorher,

- wo Sie lauter oder leiser sprechen wollen,
- wo Sie Pausen setzen wollen,
- wo Sie einzelne Wörter betonen wollen.

## Schnellsprechsätze lesen

Wir erinnern uns alle noch an vergangene Kindertage, als wir mit „Fischers Fritz fischt frische Fische" und ähnlichen Zungenbrechern unseren Spaß hatten. Das Lesen solcher Sätze kann eine ganz ernsthafte Übung sein. Sie konzentrieren sich dabei ausschließlich auf die Aussprache und werden ständig sicherer. Wenn Sie diese Übung in der Gruppe durchführen, haben Sie auch noch viel Spaß dabei.

## Korkenübung

Zu dieser Übung wird auch mancher Schauspieler mit undeutlicher Aussprache verurteilt. Sie eignet sich, um das Quetschen zu reduzieren. Der Übende steckt sich einen Korken zwischen die Zähne und liest dann damit Übungstexte.

# Atemtechnik

Die richtige Atmung ist eine unerlässliche Voraussetzung für eine kräftige und überzeugende Stimme. Außerdem hilft die Atmung bei der Bekämpfung des Lampenfiebers.

Sprechen bedeutet langsames, klingendes Ausatmen. Nur wer über genügend Sauerstoff in seiner Lunge verfügt, kann einen Gedanken mit einer Luft aussprechen. Er muss nur dort einatmen, wo die Ausführungen eine sinnvolle Sprechpause erlauben. Wer dagegen nicht mit seiner Luft auskommt, wirkt hektisch; er bekommt einen trockenen Hals und fühlt sich unsicher.

Die meisten Menschen sind Hochatmer. Sie begnügen sich mit der Brustatmung und vernachlässigen das Zwerchfell. Damit nutzen sie nur die Hälfte der verfügbaren Atemkapazität. Wenn zu diesem „Normalverhalten" noch eine situationsbedingte Spannung hinzukommt, dann kann es kritisch werden.

# Nutzen Sie die Körpersprache

Ein Redner wird nicht nur gehört, sondern auch gesehen. Ein Großteil der Informationen bei zwischenmenschlichen Begegnungen wird nicht durch verbale Aussagen, sondern durch körpersprachliche Botschaften übermittelt. Die Körpersprache ist der Ursprung jeder Sprache. Lange bevor sich die Menschen der verbalen Sprache bedienten, verständigten sie sich mit Gesten und Gebärden. Die Körpersprache wird stärker als das gesprochene Wort vom Unbewussten gesteuert.

> Die wirklichen Gefühle (Stimmungen, Zwischentöne, Enttäuschungen) werden durch die Körpersprache zuverlässiger verdeutlicht als durch Worte. Damit ist die Körpersprache zwar ehrlicher als die verbale Sprache, aber sie ist auch mehrdeutig.

Die wichtigsten Ausdrucksmittel der Körpersprache sind

- Blick,
- Mimik,
- Gestik und
- Haltung.

Allerdings dürfen Beobachtungen in diesen Bereichen nicht isoliert beurteilt werden. Sie müssen immer in Bezug zur gleichzeitig stattfindenden verbalen Kommunikation gesehen werden. Auch das Alter, das Geschlecht, der soziale Status oder die Zugehörigkeit zu einem bestimmten Kulturkreis können eine Rolle spielen. Schließlich sollten Sie sicher sein, dass es sich nicht um eine persönliche Angewohnheit (Marotte) oder um ein körperliches Gebrechen handelt. Außerdem können zahlreiche körpersprachliche Verhaltensweisen mehrere, teilweise sehr unterschiedliche Bedeutungen haben.

## Vorsicht vor Fehlurteilen

Eine Beobachtung allein rechtfertigt noch kein zuverlässiges Urteil. Wegen der Gefahr von Fehlinterpretationen sollten immer mehrere, gleichgerichtete körpersprachliche Äußerungen zusammenkommen. Verlassen Sie sich bei Abweichungen zwischen verbaler Aussage und körpersprachlicher Beobachtung nicht ausschließlich auf Ihre Wahrnehmung. Verstehen Sie die Mimik, Gestik und Haltung lediglich als Signal für eine weitere Überprüfung des Gesagten.

# Haltung

„Tritt fest auf, mach's Maul auf, hör bald auf." Das war der Beitrag von Martin Luther zur Rhetorik. Alle drei Teilforderungen sind richtig. In diesem Abschnitt geht es um die Empfehlung, fest aufzutreten. Der feste Stand auf beiden Füßen ist die Grundlage für eine aufrechte, überzeugende Haltung.

## Sicherheit durch eine aufrechte Haltung

Nur wer fest auftritt, demonstriert Sicherheit. Als Ideal wird in der Literatur empfohlen, die Füße leicht gewinkelt in einem Abstand von etwa 15 cm aufzusetzen. Für die praktische Anwendung reicht es aus, wenn Sie daran denken, die Füße in leichtem Abstand nebeneinander zu stellen. Der Stand soll weder militärisch steif (stramm) noch zu breitbeinig sein. Zu breites Stehen würde als überheblich empfunden.

Ein zweites Indiz für die rednerische Souveränität ergibt sich aus der Haltung des Oberkörpers. Wer zuviel hin und her schwankt, wirkt unsicher. Lediglich ein leicht vorgebeugter Oberkörper wird bei entsprechenden Aussagen als Zeichen von Interesse gedeutet. Eine zu lässige Haltung kann als arrogant empfunden werden.

## Übereinstimmung von Haltung und Aussage

Körperhaltung und Aussage müssen zueinander passen. Aus der Haltung eines Redners kann seine Einstellung zum Inhalt seiner Ausführungen oder zu den Zuhörern entnommen werden. Wer in seinen Ausführungen von erfolgreichen Geschäftsabschlüssen, hohen Auftragsbeständen oder zufriedenen Kunden berichtet, der wird nicht mit hängenden Schultern oder verklemmten Beinen vor seinen Zuhörern stehen.

Auch der „Dauerläufer" wird von den Zuhörern nicht geschätzt. Sie brauchen aber auch nicht wie ein Denkmal an derselben Stelle zu kleben. Bewegung in vernünftigem Ausmaß, z.B. ein Schritt in Richtung der Zuhörer, trägt zur Lockerheit bei.

Nehmen Sie am Beginn eines Vortrags die richtige Grundhaltung ein: leicht gespreizte Beine und ein ruhiger, aufrechter Oberkörper mit entspannten Schultern. Kehren Sie im Verlauf Ihrer Ausführungen in diese Haltung immer wieder zurück.

# Gestik

Gestik gehört als natürlicher Bestandteil zu einem lebendigen Vortrag; durch passende Gesten werden die verbalen Aussagen untermauert und verstärkt. Wer auf Gestik völlig verzichtet, wirkt dagegen steif und verkrampft. Allerdings darf die Gestik nicht übertrieben werden; ein hektisches Herumfuchteln ist nicht gefragt.

## Keine Barrieren aufbauen

Wie soll sich der Redner nun verhalten? Auf keinen Fall dürfen Sie gegenüber ihren Zuhörern Barrieren aufbauen. Als Barriere (Verschlossenheit) werden verschränkte Arme empfunden. Beobachten Sie einmal in einer Diskussion, wenn an den Redner eine schwierige Frage gestellt wird. Dann kann es sein, dass er (unbewusst) die Arme vor der Brust verschränkt, einen Moment nachdenkt und dann dem Fragesteller erklärt, dass dies nicht zum Thema gehört oder die Zeit für eine Beantwortung nicht ausreicht. Solche Antworten können Sie in Verbindung mit der Armbarriere als Ausrede erkennen, weil der Redner die Antwort auf die Frage nicht wusste.

## Verschiedene Gestikbereiche

Die Hände sollen sich auch nicht zu lange unterhalb der Hüftlinie befinden; dieser Bereich wird als negativ empfunden. Idealerweise befinden sich die Hände bei leicht gebeugten Armen zwischen Hüftlinie und Brustbereich. Das mag sich zunächst schwierig anhören. Wenn Sie jedoch daran denken, dass Sie Ihre Stichwortzettel halten, dann ist dieses Problem schon beinahe gelöst. Der notwendige Sichtabstand zwingt dazu, die Arme leicht anzuwinkeln.

Wer es ganz perfekt macht, der hält in der schwächeren Hand die Stichwortzettel und nutzt die stärkere Hand für Gestik. Um sicherzustellen, dass der freie Arm sich nicht unkontrolliert bewegt (z. B. in die Tasche und wieder raus), können Sie die Stichwortzettel auch mit beiden Händen halten. Wenn dann aufgrund der Aussage Anlass für Gestik ist, geschieht das ganz von selbst. Arme und Hände reagieren, ohne dass Sie daran denken müssen.

Nehmen Sie außer den Stichwortzetteln nichts anderes in die Hand. Die Zuhörer sollen nicht mitzählen, wie oft ein Redner den Kugelschreiber knipst, sondern sie sollen sich auf dessen Worte konzentrieren.

## Hände in den Taschen

Wie sieht es mit der Hand in der Tasche aus? Beide Hände tief in die Taschen versenkt – das sollte überhaupt nicht vorkommen. Wenn Sie dagegen im Freundeskreis sprechen oder eine lockere Atmosphäre besteht, dann ist es kein Problem, eine Hand vorübergehend auch mal in die Tasche zu stecken. Auch auf dem Rücken sollten die Hände nicht versteckt werden. Das würde, je nach Situation, als überheblich oder ängstlich empfunden.

## Positive Signale

Positive Aussagen werden durch positive Gesten unterstrichen. Sie signalisieren Zuwendung durch Gesten, die sich mit nach oben gerichteten Handflächen von innen nach außen bewegen. Durch weite Armbewegungen öffnen Sie sich gegenüber den Zuhörern und vermitteln Sicherheit.

## Diese Gesten sollten Sie vermeiden

Die nach unten gerichtete Handfläche ist mit einer negativen Aussage verbunden. Die geballte Faust wirkt drohend. Der erhobene Zeigefinger des Redners wird in der Fachsprache als „Lehrerfinger" bezeichnet. Diese Bezeichnung ist treffend, denn der Redner, der ständig den Zeigefinger hebt, wirkt oberlehrerhaft und bevormundend.

Auch die vorher geplante und im Stichwortzettel vermerkte Geste sollten Sie vermeiden. Sie wirkt unnatürlich und gekünstelt, denn die natürliche Geste geht dem gesprochenen Wort voraus. Das wird bei einer Geste auf Abruf nicht funktionieren. Umgekehrt dagegen können Sie gegen fehlerhafte Gesten bewusst vorbeugen: Wenn Sie wissen, dass Sie dazu neigen, die Arme auf den Rücken zu legen (oder die Hände in die Tasche zu stecken), dann nehmen Sie entsprechende Regieanweisungen in Ihr Manuskript auf.

## Mimik

Der Psychologe Albert Mehrabian hat empirisch ermittelt, dass Sympathie zu 55 % über die Körpersprache, vorwiegend über den Gesichtsausdruck, vermittelt wird. Zu 38 % ist die Stimme und nur zu 7 % sind die gesprochenen Wörter beteiligt. Das gilt auch für den Umkehrfall: Negative Botschaften (Drohungen, Missachtung) werden viel deutlicher durch Mimik und Stimme als durch Worte ausgedrückt.

Wenn wir davon ausgehen, dass wir in den meisten Redesituationen positive Botschaften weitergeben wollen, dann müssen wir das auch durch eine entsprechende Mimik zeigen. Das versteinerte Gesicht, das keinerlei Emotionen erkennen lässt, ist nicht gefragt. Auch der Fachvortrag schließt nicht aus, den Zuhörern Freundlichkeit und Sympathie zu signalisieren.

Die Mimik muss der Aussage entsprechen. Entspannen Sie und lächeln (nicht grinsen) Sie, wenn Sie über etwas Positives sprechen. Lassen Sie aber auch Trauer oder Zorn erkennen, wenn Ihr Vortrag das verlangt.

**Bleiben Sie, wer Sie sind**

Vielleicht sind Sie von Ihrem Lieblingspolitiker, einem Fernsehmoderator, Schauspieler oder einer anderen Person des öffentlichen Lebens besonders beeindruckt. Bleiben Sie dennoch, wer Sie sind. Versuchen Sie nicht, Mimik, Gestik oder Sprechweise anderer zu kopieren. Es wäre immer nur eine Kopie und würde zumeist als solche erkannt.

# Begeisterung zeigen

Schon Augustinus empfahl seinen Schülern: „In Dir muss brennen, was Du in anderen entzünden willst." Diese Aussage ist auch heute noch aktuell. Ein Redner, der emotionslos eine Pflichtübung absolviert, wird nicht überzeugen. Zeigen Sie, was Sie empfinden. Wenn Sie hinter Ihrer Sache stehen, dann lassen Sie Ihre Zuhörer dies durch ein entsprechendes Engagement auch erkennen.

# Blickkontakt

Im Rhetorikseminar hat es sich gezeigt, dass der Blickkontakt für den ungeübten Redner anfänglich ein besonders großes Problem darstellt. Ursache ist die mit der mangelnden Redeerfahrung verbundene Unsicherheit. Aber auch bei manchem erfahrenen Redner hapert es mit dem Blickkontakt. Wichtigste Gründe dafür sind Arroganz und überhöhte Konzentration.

Ohne Blickkontakt sind auch die überzeugendsten Ausführungen nur halb so wirkungsvoll. Durch den Blickkontakt stellen Sie den notwendigen Kontakt zu Ihren Zuhörern her.

Ein Trainerkollege bezeichnet den Blickkontakt als die Nabelschnur, die Redner und Zuhörer miteinander verbindet.

## Was bringt der Blickkontakt?

Folgende Vorteile sind mit dem Blickkontakt verbunden:

- Der Blickkontakt ist die Kontaktbrücke zu den Zuhörern.
- Durch den Blickkontakt fühlen sich die Zuhörer unmittelbar angesprochen.
- Der Redner demonstriert Sicherheit.
- Die Aufmerksamkeit der Zuhörer wird verstärkt.
- Die verbalen Ausführungen werden durch den Blickkontakt unterstrichen.
- Der Redner erfährt durch die Reaktionen der Zuhörer, ob seine Ausführungen verstanden werden und ankommen.
- Der Redner erhält Hinweise, ob er schneller, langsamer, lauter oder leiser sprechen muss.

Allerdings werden diese Wirkungen nur erzielt, wenn der Blickkontakt auch wirklich zu Stande kommt. Dabei handelt es sich weder um ein tiefes „In-die-Augen-sehen" noch soll es zu einem hektischen Hin und Her kommen.

## Checkliste: Was ist bei beim Blickkontakt zu beachten?

- Beginnen Sie nicht zu früh mit dem Sprechen. Nehmen Sie den Redeplatz ein und lassen Sie zunächst den Blick einmal über alle Zuhörer schweifen.

- Falls es die räumlichen Gegebenheiten zulassen, dann sollte bei kleineren Zuhörergruppen der Abstand zur ersten Reihe mindestens zwei bis drei Meter betragen. Je größer die Zuhörerzahl ist, umso größer sollte der Abstand sein.

- Fassen Sie jeweils eine Gruppe von drei bis fünf Zuhörern zusammen und verharren Sie mit dem Blick einige Augenblicke auf dieser Gruppe. Danach verändern Sie die Richtung und blicken zur nächsten Gruppe.

- Ein kurzes Hinsehen (etwa drei bis fünf Sekunden) zu den einzelnen Gruppen reicht. Vermeiden Sie, einzelne Personen zu lange anzusehen. Es sei denn, es handelt sich um Meinungsführer. Diese können etwas nachhaltiger erfasst werden.

## Alle Zuhörer einbeziehen

Achten Sie beim Wechsel zwischen den Zuhörergruppen darauf, dass alle Zuhörer einbezogen werden. Der Blick darf nicht nur auf den guten Freund gerichtet werden, der sich unter den Zuhörern befindet. Auch Personen mit Sonderstellung (das „hohe Tier", der Veranstalter, der Seminarleiter) dürfen nicht einseitig bevorzugt werden. Wenn nicht alle

Anwesenden gleichzeitig angesehen werden können, dann muss der Blick im Laufe der Ausführungen schweifen.

## Vom Manuskript zum Zuhörer

Wenn Sie mit einem Stichwortmanuskript arbeiten, dann kommt es zu einem ständigen Wechsel zwischen dem Blick aufs Manuskript und dem Blick zu den Zuhörern. Sie blicken ins Manuskript und überlegen sich, was Sie zum nächsten Stichwort sagen möchten; danach blicken Sie wieder zu den Zuhörern und sprechen den Gedanken aus.

Bei einem voll ausgearbeiteten Manuskript ist es hilfreich, wenn Sie unsere Empfehlung nutzen, in eine Zeile immer nur das aufzunehmen, was sinnvoll als Einheit ausgesprochen werden kann. Diese Sinneinheiten werden jeweils mit einem Blick erfasst und danach mit Blick zu den Zuhörern ausgesprochen.

## Auf einen Blick: Überzeugend auftreten

- Einfachheit, gute Gliederung und Ordnung, Kürze und Prägnanz sowie zusätzliche Stimulanz, etwa durch Beispiele, rhetorische Fragen oder direktes Ansprechen der Zuhörer – das sollten die Grundprinzipien Ihrer Sprache beim Vortragen sein.

- Diese Prinzipien setzen Sie am besten mit folgenden Mitteln um: kurze Sätze, möglichst keine Einschiebungen, Fremdwörter, Modewörter, Konjunktiv und Füllwörter verwenden, viele Vergleiche und Beispiele bringen.

- Auch *wie* Sie sprechen, ist für den Erfolg Ihrer Rede entscheidend: nicht zu laut, nicht zu leise, d.h. dem Raum, der Technik (Mikrofon) und der Zahl der Zuhörer angemessen. Das Gleiche gilt für das Tempo: nicht zu schnell, nicht zu langsam. Perfekt treten Sie auf, wenn Sie bei Lautstärke und Sprechtempo variieren. So steigern Sie die Spannung und erhöhen die Aufmerksamkeit.

- Gönnen Sie sich und Ihren Zuhörern Pausen!

- Unterschätzen Sie nicht die Wirkung Ihre Körpersprache. Mit einer aufrechten Haltung, positiven Gesten und Blickkontakt strahlen Sie Sicherheit aus und beziehen Ihre Zuhörer mit ein.

# Mit Problemen richtig umgehen

Lampenfieber plagt viele Redner. Daneben gibt es noch einige andere Ängste, die es in den Griff zu bekommen gilt.

In diesem Kapitel lesen Sie,

- wie Sie Lampenfieber vor und während der Rede gezielt begegnen,
- was Sie tun können, wenn Sie während des Vortrags hängenbleiben oder sich versprechen,
- wie Sie mit Zwischenrufern umgehen oder mit desinteressierten bzw. unruhigen Zuhörern.

# Was tun gegen Lampenfieber?

Das Lampenfieber beim Reden zählt mit zu den weitest verbreiteten Ängsten des Menschen. Das beste Mittel, die Redeangst zu überwinden, ist das Reden selbst. Je häufiger Sie vor Gruppen sprechen, umso normaler empfinden Sie diese Situation. Aus diesem Grund kann auch die Lektüre dieses oder anderer Rhetorikbücher niemals ausreichend sein. Sie muss durch Übungen ergänzt werden; die Regeln und Empfehlungen müssen praktisch umgesetzt werden.

Nur die tatsächliche Redeerfahrung vermittelt die Erkenntnis, dass auch diese Situation zu meistern ist. Durch die Auftritte vor der Gruppe spürt der Redner, dass es sich bei den Zuhörern um „ganz normale Menschen" handelt; die Angst, sich zu blamieren, nimmt von Übung zu Übung ebenso ab wie das Bemühen um übertriebenen Perfektionismus.

Noch eine Erkenntnis ist wichtig: Sie sind rhetorisch besser, als Sie es selbst glauben. In den Seminaren haben die Teilnehmer nach dem Abspielen der Videoaufzeichnungen immer wieder festgestellt, dass sie im Film viel sicherer wirken als sie es selbst während des Vortrags empfunden haben. Machen Sie sich diese Erkenntnis zu Eigen. Der Redner ist sich selbst gegenüber wesentlich kritischer als die Zuhörer.

Die Beachtung der Empfehlungen auf den nächsten Seiten trägt dazu bei, das Lampenfieber auf ein erträgliches Maß zu reduzieren. Das reicht auch aus, denn etwas Spannung ist sogar erwünscht. Wer zu perfekt wirkt, findet keinen Anklang und erreicht nicht die notwendige Ausstrahlung.

Es gibt vier Ansatzpunkte, um das Problem Lampenfieber zu meistern:

1 Das Üben ohne konkreten Anlass.

2 Die Vorbereitung des Redeauftritts.

3 Die Zeit unmittelbar vor dem Vortrag.

4 Das Verhalten während des Vortrags.

## Üben, bevor der Ernstfall eintritt

Es reicht nicht aus, nur dieses Buch zu lesen und die Übungen einmal durchzuführen. Sie müssen die erworbenen Fähigkeiten anschließend auch umsetzen. Wenn dazu in nächster Zeit kein Anlass ist, dann sollten Sie sich eben selbst die notwendigen Redegelegenheiten schaffen:

- Nutzen Sie alle Möglichkeiten im Betrieb, im Verein, in der Familie oder im Freundeskreis, um kleine Reden (z. B. ein kurzes Statement zu einem aktuellen Problem) zu halten.

- Nehmen Sie die nächste Einladung. Warten Sie bis alle Gäste anwesend sind und begrüßen Sie diese mit einigen vorher überlegten Worten. Oder kündigen Sie das Essen mit einigen humorigen Sätzen an.

- Ergreifen Sie bei Besprechungen häufiger das Wort. Jeder Diskussionsbeitrag ist eine kleine Stegreifrede.

- Besuchen Sie öffentliche Veranstaltungen (z. B. Bürgerversammlungen, Wahlveranstaltungen) und ergreifen Sie das Wort. Sie gewöhnen sich auf diese Weise an die Atmosphäre solcher Veranstaltungen.

Machen Sie sich bei allen Übungssituationen bewusst, dass es sich um kleine Reden handelt. Auf diese Weise empfinden Sie den wirklichen Vortrag, den Sie irgendwann einmal halten müssen, als etwas Normales. Er ist dann vielleicht länger, aber die Situation ist Ihnen nicht mehr fremd.

### Training ohne Zuhörer

Auch ein Training ohne Zuhörer ist hilfreich. Gewinnen Sie Sicherheit durch kleine Redeübungen mit Videoaufzeichnungen (oder Tonaufnahmegerät):

- Sie lernen dabei die eigene Stimme besser kennen und erfahren, ob Sie deutlich genug sprechen.
- Sie erkennen sprachliche Nachlässigkeiten (Füllwörter, Wiederholungen bestimmter Wörter).
- Sie können Ihre Gestik und Haltung überprüfen.
- Sie können den Umgang mit dem Stichwortzettel üben.

# Eine gute Vorbereitung bringt Sicherheit

Nur wenige Reden werden Sie aus dem Stegreif halten müssen. In aller Regel wissen Sie rechtzeitig, dass Sie als Redner vorgesehen sind. Nutzen Sie diese Zeitspanne für eine gute Vorbereitung.

- Beginnen Sie rechtzeitig mit der Vorbereitung, dann haben Sie auch Zeit, um erste Ausarbeitungen zwischenzeitlich ruhen zu lassen.
- Erarbeiten Sie ein zuverlässiges Stichwortmanuskript.
- Halten Sie den Vortrag vor Freunden oder der Familie einmal zur Probe und lassen Sie sich kontrollieren.

Das Wissen um eine gute Vorbereitung beruhigt. Sie werden feststellen, dass schon beim Probevortrag etwas Spannung aufkommt, obwohl es sich doch nur um ein paar Freunde handelt. Aber gerade diese Erfahrung hilft Ihnen später, denn in der Ernstsituation wissen Sie, dass Sie es trotz dieser Spannung schon einmal geschafft haben. Sie erfahren außerdem, dass Sie sich auf Ihr Stichwortmanuskript und die in der Vorbereitung darüber hinaus angeeigneten Gedanken verlassen können.

## Die Zeit unmittelbar vor dem Vortrag

In der letzten halben Stunde vor einem Redeauftritt werden viele Fehler gemacht. Sie haben alle schon den Redner erlebt, der wie ein Tiger im Käfig rastlos hin und her läuft. Oder Sie erinnern sich an den Referenten, der bis zur letzten Minute an seinem Manuskript arbeitet? Es gibt bessere Möglichkeiten. Nutzen Sie die Zeit unmittelbar vor dem Vortrag, um sich zusätzlich Sicherheit zu verschaffen.

### Checkliste: Vor dem Vortrag

- Überprüfen Sie, wenn möglich, noch vor dem Eintreffen der Zuhörer die Rahmenbedingungen (Mikrofon, Projektor, Zahl der Sitzplätze).
- Machen Sie sich mit der Technik vertraut. Es wirkt wenig überzeugend, wenn der Redner sich von einem Zuhörer den Einschaltknopf eines Projektors zeigen lassen muss.
- Gehen Sie vorher zur Toilette.

- Überprüfen Sie rechtzeitig Ihr Äußeres. Jetzt die Jacke zuknöpfen und die Hose oder den Rock hochziehen. Wenn Sie vor den Zuhörern stehen, sieht es schlecht aus.

- Denken Sie in der letzten halben Stunde nicht mehr an den Vortrag.

- Ändern Sie nicht kurzfristig Ihr Manuskript aufgrund eines plötzlichen Einfalls; diesen können Sie nicht mehr ausreichend nach allen Gesichtspunkten überprüfen.

- Einzige Ausnahme: Wenn ein Vorredner etwas sagt, auf das Sie Bezug nehmen möchten, dann notieren Sie sich dazu ein Merkwort auf dem entsprechenden Stichwortzettel.

- Lenken Sie sich durch Gespräche mit Bekannten unter den Zuhörern ab. Damit schließen Sie die Gefahr aus, ständig an den Vortrag zu denken.

- Wenn keine Bekannten unter den Zuhörern sein sollten, sprechen Sie mit einigen fremden Personen; sie können dann die ersten Blicke zu diesen Personen richten, mit denen bereits ein kleiner Kontakt bestand. Diese werden aufgrund des vorherigen Gesprächs freundlich reagieren, sodass die erste Reaktion immer positiv ausfällt.

- Wenn keine Bekannten anwesend sind und keine Gelegenheit war, um Kontakte herzustellen, dann suchen Sie sich für den ersten Blickkontakt einen Zuhörer aus, der Ihnen spontan sympathisch erscheint.

# Das Verhalten während des Vortrags

Auch im Vortrag selbst können Sie durch eigenes Verhalten weitgehend dazu beitragen, dass sich die Spannung in Grenzen hält.

## Checkliste: Während des Vortrags

- Vertrauen Sie auf Ihre gute Vorbereitung; schließlich steht alles, was Sie sagen wollen, genau geordnet auf Ihren Stichwortzetteln.

- Glauben Sie an Ihre Fähigkeiten. Sie haben auch schon andere schwierige Situationen gemeistert.

- Machen Sie sich bewusst, dass Sie viel mehr wissen als Ihre Zuhörer. Diese kommen doch, um etwas zu erfahren.

- Bewerten Sie Kleinigkeiten nicht zu hoch (z. B. einen Versprecher, eine ungeschickte Formulierung).

- Denken Sie nicht ständig an mögliche Pannen (z. B. eine schwierige Passage im Manuskript, störende Zwischenrufe).

- Denken Sie auch nicht an frühere Erlebnisse, bei denen vielleicht etwas schief gegangen ist (z. B. ein Gedicht, das in der Schule schlecht vorgetragen wurde).

- Behalten Sie Ihr Konzept bei und lassen Sie sich nicht durch einen Spontaneinfall davon abbringen.

- Halten Sie einen Stichwortzettel für „Notsituationen" bereit.

**Denken Sie positiv**

Wichtig ist auch, dass Sie sich um eine positive Einstellung zum Thema und zur Redesituation bemühen. Das gilt auch dann, wenn Ihnen z.B. kraft Machtverteilung im Betrieb der Vortrag „aufs Auge gedrückt wurde". Die Zuhörer können nichts dafür, dass Sie einen Vortrag gegen Ihren Willen halten müssen. Treten Sie dem Auditorium mit einem freundlichen Gesichtsausdruck gegenüber. Nur dann können Sie mit entsprechenden Reaktionen rechnen.

**Nicht zu früh mit dem Sprechen beginnen**

Lassen Sie, bevor Sie mit dem Sprechen beginnen, zunächst den Blick über das Auditorium schweifen. Geben Sie den Zuhörern eine Chance, sich zurechtzusetzen, nach einem Stift zu suchen oder das Gespräch mit dem Nachbarn zu beenden. Es wäre schade, wenn Sie ihre wohlüberlegte Einführung, mit der Sie sich soviel Mühe gegeben haben, aussprechen, bevor Ihnen alle die Aufmerksamkeit zuwenden. Aber was tun, wenn auch jetzt im Publikum noch Unruhe herrscht? Blicken Sie in die Runde und setzen Sie die „Macht des Schweigens" ein. Der stumme Blick zu den Zuhörern ist wirkungsvoller als ironische Bemerkungen oder autoritäre Aufforderungen. Es geht darum, für Ruhe zu sorgen, ohne gleichzeitig die Zuhörer vor den Kopf zu stoßen.

# Hilfen, wenn Sie hängenbleiben

Die Gefahr steckenzubleiben, ist eine Hauptangst des unge-übten Redners. Sie ist die Ursache dafür, dass oft gegen besseres Wissen auf Reden nach Stichworten verzichtet wird. Stattdessen wird ein voll ausgearbeitetes Manuskript „ver-lesen".

## Das kann jedem passieren

Ob geübter oder ungeübter Redner, keiner ist gegen einen Aussetzer absolut sicher. Gestern beim Probevortrag gab es keine Probleme; heute weiß der Redner mit dem nächsten Stichwort plötzlich nichts mehr anzufangen. Im Vortragsraum entsteht eine peinliche Stille und der Redner wird immer nervöser. So muss es nicht sein. Es gibt zahlreiche Möglich-keiten, wie Sie diese Situation überbrücken können. Blockie-ren Sie sich nicht selbst, indem Sie krampfhaft überlegen, was Sie zu diesem Stichwort sagen wollten. Das wird zumeist keinen Erfolg haben.

## Mit Anlauf über das Hindernis

Vergessen wir für einen Augenblick das freie Reden und wenden wir uns einer ganz anderen Situation zu: Sie kennen zumindest vom Fernsehen alle Springreiten. Dabei kommt es vor, dass ein Pferd vor einem Hindernis stehen bleibt, ver-weigert, wie es in der Fachsprache heißt. Was macht der Reiter dann? Er versucht auf keinen Fall aus dem Stand über das Hindernis zu kommen. Er reitet vielmehr einen kleinen Bogen und kommt mit neuem Anlauf auf das Hindernis zu und überquert es im Allgemeinen auch.

Wenn Sie dieses Beispiel auf unsere Situation übertragen, dann bedeutet es, dass Sie mit neuem gedanklichen Anlauf auf die kritische Stelle zukommen müssen. Sie müssen aus

dem Sprechfluss heraus die Problemstelle überwinden. Greifen Sie dazu auf bereits Gesagtes zurück.

## Tritt fassen durch Wiederholung

Wiederholen Sie den zuletzt ausgesprochenen Gedanken oder größere Teile ihres Vortrags nochmals in anderen Worten und gewinnen Sie dadurch wieder Sicherheit. Leiten Sie die Wiederholung durch eine geschickte Formulierung ein:

- „Den letzten Gedanken sollten wir noch etwas vertiefen."
- „Diesen Aspekt möchte ich etwas genauer formulieren."
- „Lassen Sie mich das bisher Gesagte nochmals zusammenfassen."
- „Hier möchte ich noch etwas weiter ausholen."
- „Es sei nochmals besonders hervorgehoben, ..."

## Fragen stellen

Wechseln Sie vorübergehend vom Monolog in den Dialog, indem Sie eine Frage an die Zuhörer richten:

- „Haben Sie ähnliche Erfahrungen gemacht?"
- „Bestehen noch Unklarheiten?"
- „Soll ich das Gesagte nochmals vertiefen?"

## Weitere bewährte Mittel

- Erläutern Sie ein zusätzliches Beispiel, das Sie für solche Situationen parat haben.

- Erzählen Sie eine passende kleine Geschichte, die sie für diesen Zweck vorbereitet haben: „Übrigens, da fällt mir eine kleine Geschichte ein!"

- Überbrücken Sie die Spannungssituation, indem Sie auf Hilfsmittel zurückgreifen, z. B. eine Folie mit der Gliederung Ihres Vortrags.

- Gehen Sie einfach zu einem neuen Punkt über und lassen das kritische Stichwort aus; evtl. kann dieses auch später nochmals aufgegriffen werden.

## Stichwortzettel für Notsituationen

Die genannten Hilfen gegen das Hängenbleiben werden im Allgemeinen akzeptiert. Aber fallen Sie Ihnen im entscheidenden Augenblick auch ein? Hier hilft der schon erwähnte Notstichwortzettel. Notieren Sie sich darauf einige der beschriebenen Notausgänge, auf die Sie im Ernstfall zurückgreifen wollen. Das könnte die Wiederholungstaktik oder das universell einsetzbare Beispiel sein. Der Stichwortzettel sollte eine andere Farbe haben, damit Sie ihn bei Bedarf sofort finden. Allein das Wissen darum, ihn dabei zu haben, beruhigt im Allgemeinen, so dass Sie ihn gar nicht benötigen.

# Sie haben sich versprochen

Versprecher sind etwas Alltägliches, das jedem passieren kann. Sie sollten sich auf keinen Fall dafür entschuldigen. Oft werden Versprecher von den Zuhörern überhaupt nicht wahrgenommen. Diese werden erst durch eine Entschuldigung wirklich aufmerksam. Falls Sie das Gefühl haben, dass Sie trotz des Versprechers verstanden wurden, dann brauchen Sie überhaupt nichts zu tun. Sprechen Sie in gleichem Tempo und Tonfall weiter.

Bei einem sinnentstellenden Versprecher wiederholen Sie den letzten Satz einfach in der richtigen Formulierung. Das gilt auch, wenn ein ganzer Satz ungeschickt formuliert wurde. Bei einem ganzen Satz ist es auch möglich, die korrigierte Form mit der Bemerkung „ich formuliere nochmals besser" oder „ich berichtige" einzuleiten.

# Zwischenrufe und andere Störungen

Trotz einer guten Vorbereitung können Sie sich nicht gegen alle Störungen absichern. Es ist niemals auszuschließen, dass sich einzelne Teilnehmer durch Zwischenrufe einschalten. Auch eine plötzliche Unruhe oder sogar der Weggang einzelner Zuhörer können vorkommen. Es gibt zwar kein allgemeingültiges Patentrezept gegen Zwischenrufe, aber es gibt eine Reihe wirkungsvoller Möglichkeiten.

## Umgang mit Zwischenrufen

Störend ist zwar jeder Zwischenruf. Aber dennoch gilt es zu unterscheiden, um welche Art es sich handelt:

- Es gibt den sachlichen (positiven) Zwischenruf, der manchmal sogar zur Klärung des Problems beiträgt,

- es gibt den Zwischenrufer, dem es um eine beabsichtigte (böswillige!) Störung geht und

- es gibt den Witzbold, der sich mit ungeeigneten Mitteln „profilieren" möchte.

> Folgende Grundregel sollten Sie immer beachten: Ruhe bewahren, nicht aggressiv reagieren!

## Beantworten oder verschieben

- Ein sachlicher Zwischenruf sollte, wenn das in wenigen Sätzen möglich ist, sofort sachlich beantwortet werden.

- Ein sachlicher Zwischenruf, der nach einer umfangreicheren Antwort verlangt, kann an den Schluss oder auf die spätere Diskussion verschoben werden. Andernfalls besteht die Gefahr, durch die längere Antwort den eigenen „roten Faden" zu verlieren. Außerdem würde die Einhaltung der Redezeit gefährdet.

  „Vielen Dank für diesen Hinweis, ich werde in der Diskussion näher darauf eingehen!"

- Eine Verschiebung kann auch notwendig sein, weil Sie auf diesen Aspekt bei den weiteren Ausführungen sowieso noch zu sprechen kommen.

  „Das ist eine interessante Frage, ich beantworte sie im nächsten Gliederungspunkt."

- Wenn ein Zwischenruf für die Mehrheit der Zuhörer nicht interessant ist, dann kann seine Beantwortung auch auf ein späteres Gespräch mit dem Zwischenrufer verschoben werden.

„Diese Frage werde ich gerne im persönlichen Gespräch mit Ihnen erörtern."

- Störende Zwischenrufe können Sie auch ignorieren (überhören). Manche Zwischenrufer sind schon zufrieden, wenn sie ihren Beitrag losgeworden sind. Vorsicht vor zu schlagfertigen Reaktionen; sie könnten weitere Zwischenrufe provozieren.

## Wiederholen lassen

Die folgenden Möglichkeiten sind mehr taktischer Art. Sie eignen sich vor allem bei unsachlichen Zwischenrufen oder wenn Sie bei einem sachlichen Beitrag erst etwas Bedenkzeit benötigen, um eine passende Antwort geben zu können.

- Lassen Sie den Zwischenruf wiederholen. Beim sachlichen Zwischenruf gewinnen Sie dadurch Zeit für die Antwort. Ein unsachlicher Zwischenruf wird im Allgemeinen nicht wiederholt.

- Zeitgewinn erzielen Sie auch durch Rückfragen („Ich habe Sie nicht richtig verstanden"). Zumeist wird in diesem Fall nicht nur der Zwischenruf wörtlich wiederholt, sondern es werden zusätzliche Argumente geliefert, bei denen Sie mit der Antwort einhaken können.

- Falls möglich, können sachliche Zwischenrufe auch an das Auditorium weitergegeben werden. („Hier wird Folgendes gefragt: ... Was meinen Sie dazu?") Sie müssen allerdings dafür sorgen, dass nicht eine zu lange Diskussion entsteht und damit Ihr Vortrag beeinträchtigt würde.

Je nach Art der Veranstaltung ist es auch möglich, Zwischenrufe von vornherein weitgehend zu vermeiden. Der Redner bittet vorher darum, seine Ausführungen ungestört abhandeln zu können. Zwischenfragen können auf Zettel notiert werden; nach dem Referat werden die Fragen behandelt.

Auf keinen Fall sollten Sie den Zwischenrufer lächerlich machen. Sie würden sich einen Feind schaffen. Das gilt auch für den böswilligen Zwischenruf. Zeigen Sie durch eine souveräne Reaktion, dass Sie über diesem Niveau stehen.

## Die Zuhörer sind unruhig

Beziehen Sie die Unruhe nicht sofort auf sich; es kann zahlreiche Ursachen geben, die der Redner nicht bemerkt. Versuchen Sie zunächst durch leiseres Sprechen, die Aufmerksamkeit wieder auf sich zu lenken. Vielfach wenden sich die Zuhörer dem Redner wieder zu, um nichts zu verpassen.

Falls dies nichts nützt, dann lassen Sie keinen Ärger erkennen. Fragen Sie einfach die Zuhörer, was der Grund für die Unruhe ist. Das Entscheidende ist, freundlich und ruhig zu bleiben.

## Zuhörer erscheinen desinteressiert

Zuhörer sehen aus dem Fenster oder auf die Uhr oder blättern in ihren Unterlagen herum. Wenn das nur wenige sind, dann sollte das kein Problem sein. Einige, die nicht interessiert sind, gibt es überall.

Prüfen Sie, ob Sie noch in der Zeit liegen. Wenn nein, dann nehmen Sie das Zuhörerverhalten als Hinweis, sich um ein baldiges Ende zu bemühen. Es ist besser, einen Gliederungspunkt wegzulassen, als zu sehr zu überziehen. Wenn Sie in der Zeit liegen, dann lassen Sie sich durch das Desinteresse dieser Zuhörer nicht stören.

> Beziehen Sie nicht jedes unpassende Verhalten sofort auf sich. Mit einigen Außenseitern müssen Sie leben. Verlassen Sie sich auf Ihre gute Vorbereitung. Richten Sie den Blickkontakt zu den Zuhörern, die Aufmerksamkeit demonstrieren.

## Zuhörer verlassen den Raum

Auch wenn einzelne Zuhörer den Raum verlassen, muss das nicht an Ihrem Vortrag liegen. Ein persönliches Bedürfnis, Unwohlsein, eine Verabredung, Hunger, Müdigkeit und vieles andere können die Ursache sein. Machen Sie sich bewusst, dass es für den Weggang der Zuhörer viel mehr Gründe bei diesen selbst gibt als bei Ihnen. Auch hier gilt wieder: Ruhig bleiben und weitersprechen.

# Richtiger Umgang mit Beifall

Auch Beifall kann für manche Redner zum Problem werden. Dabei ist doch Beifall zu 90% ein Beweis dafür, dass die Zuhörer positiv gestimmt sind. Der Redner oder seine Aussage werden akzeptiert.

Es ist zwischen dem spontanen Beifall während des Vortrags und dem Beifall am Ende zu unterscheiden. Geben Sie dem „Szenenapplaus" eine Chance und machen Sie eine kurze Pause. Setzen Sie Ihre Ausführungen fort, wenn der Beifall im Abklingen ist.

Nur in Ausnahmefällen ist Beifall ein Zeichen der Ablehnung gegenüber bestimmten Aussagen oder dem Redner als Person. Denken Sie an Reden im politischen Bereich. In solchen Situationen heißt es durchhalten. Wer sich damit auseinanderzusetzen hat, der muss in aller Regel auch schon mit einem derartigen Verhalten rechnen.

Auch die Aufnahme des Schlussbeifalls gehört noch zu Ihrem Vortrag. Bleiben Sie während des Beifalls stehen und halten Sie Blickkontakt zum Auditorium. Bedanken Sie sich mit einem leichten Nicken und verlassen Sie den Redeplatz mit sicheren Schritten.

## Auf einen Blick: Mit Problemen umgehen

- Lampenfieber kann man in den Griff bekommen – am besten durch Reden selbst. Üben Sie deshalb, das Wort zu ergreifen, sobald sich Gelegenheiten dazu bieten, etwa bei Besprechungen, bei Feiern oder öffentlichen Veranstaltungen.

- Zusätzliche Sicherheit geben Ihnen vor Ihrem Auftritt die gute Vorbereitung der Rede, die Überprüfung der Technik sowie die Kontaktaufnahme mit den Zuhörern.

- Vertrauen Sie auf Ihre Vorbereitung und glauben Sie an Ihre Fähigkeiten!

- Wenn Sie hängen bleiben, können Sie die Situation retten, indem Sie das eben Gesagte wiederholen, eine Frage stellen oder ein Beispiel bzw. eine Geschichte erzählen.

- Wichtigste Grundregel bei Zwischenrufen: Bleiben Sie immer ruhig und lassen Sie sich nicht provozieren.

- Sachliche Zwischenrufe können Sie – je nach Art des Zwischenrufs – gleich beantworten oder Sie kündigen an, die Frage nach Ihrem Vortrag zu beantworten.

- Bei unsachlichen Zwischenrufen sollten Sie taktisch vorgehen, etwa indem Sie den Einwurf wiederholen lassen. Machen Sie den Zwischenrufer aber nie lächerlich.

# Vorbereitung und Training

Manchmal muss die Vorbereitung sehr schnell gehen. Immer sollte sie aber so systematisch und gründlich wie möglich sein.

In diesem Kapitel lesen Sie, wie Sie

- Ihre Rede in 12 Schritten optimal konzipieren,
- durch gezieltes Training Ihre Redefähigkeiten verbessern und Sicherheit für den Ernstfall gewinnen.

# Von der Idee zum Vortrag

> Eine Reise von 1000 km beginnt mit dem ersten Schritt.
> *(Chinesisches Sprichwort)*

Der erste Schritt zum Redeerfolg ist die Vorbereitung. Gehen Sie dabei systematisch vor und orientieren Sie sich am nachstehenden Ablaufschema.

| 12 Schritte von der Idee zum Vortrag |
|---|
| 1. Ziel festlegen. |
| 2. Spontane Ideen zum Thema sofort aufschreiben. |
| 3. Systematische Stoffsammlung. |
| 4. Erste Gliederung festlegen. |
| 5. Hauptteil ausarbeiten. |
| 6. Falls möglich, ruhen lassen. |
| 7. Stoff eingrenzen und ergänzen. |
| 8. Falls nötig, neu gliedern. |
| 9. Einleitung und Schluss formulieren. |
| 10. Endgültiges (Stichwort)-Manuskript erstellen. |
| 11. Hilfsmittel und Umfeld vorbereiten. |
| 12. Generalprobe. |

## Schritt 1: Ziel festlegen

Eine Empfehlung vorweg: Bereiten Sie sich immer schriftlich vor. Wir haben in diesem Buch die Verwendung von Stichwortzetteln empfohlen. Aber auch jede andere schriftliche Möglichkeit ist besser als die Vorbereitung nur auf ein kurzes Durchdenken zu beschränken. Schreiben Sie zunächst das Thema auf einen Stichwortzettel. Damit können Sie sich immer wieder vergewissern, dass Ihre Vorbereitung nicht „am Thema vorbeigeht".

Eine gezielte Materialsuche wird nur möglich sein, wenn Sie sich über die Redeform und das Redeziel im Klaren sind. Bei einem Fachvortrag ist zu klären, ob es sich um Überzeugungs- oder Informationsreden handelt. Bei einer Gelegenheitsrede müssen Sie prüfen, ob eher die Würdigung oder die unterhaltenden Aspekte vorherrschen sollen.

## Schritt 2: Spontane Ideen sofort aufschreiben

Auch Sie haben diese Erfahrung schon gemacht: Wenn Sie eine neue Aufgabe übernehmen, dann haben Sie spontan einige gute Gedanken. Sie kommen aber nicht sofort dazu, diese Ideen umzusetzen. Und wenn Sie dann endlich an der Arbeit sind, dann haben Sie einige Ideen bereits wieder vergessen. Diese Erkenntnis gilt auch bei der Vorbereitung eines Vortrags. Wenn Sie Thema und Redeziel aufschreiben und vor Augen haben, dann kommen ganz automatisch einige gute Gedanken dazu. Lassen Sie keine Idee verloren gehen, sondern schreiben Sie diese sofort auf Stichwortzettel. Sie werden später dankbar sein, wenn das Material für Ihren Vortrag auf diese Weise ohne größere Anstrengungen wächst.

Schreiben Sie sämtliche Ideen auf, die Ihnen einfallen. Nutzen Sie das Assoziationsprinzip: Eine Idee weckt die nächste. Auch wenn ein Gedanke noch so ausgefallen erscheinen mag, kann gerade dieser Gedanke der Auslöser für den nächsten, brauchbaren Einfall sein. Verwenden Sie für jeden Gedanken einen eigenen Zettel. Auf diese Weise können Sie die Zettel später durch einfaches Umsortieren in die gewünschte Reihenfolge bringen.

## Schritt 3: Systematische Stoffsammlung

Nicht alle Gedanken kommen spontan. Zusätzlich gilt es, den Stoff systematisch zusammenzutragen. Regen Sie Ihr Denken und Ihre Kreativität durch Leitfragen an.

## Leitfragen: Stoffsammlung

- Warum spreche ich? Was will ich erreichen?
- Welche Probleme bestehen?
- Kann ich neue Erkenntnisse vermitteln?
- Kann ich praktische Erfahrungen weitergeben?
- Wer sind die Zuhörer?
- Darf ich bestimmte Dinge nicht sagen?
- Welche Daten müssen genannt werden?
- Soll ich Hilfsmittel einsetzen und wenn ja, welche?
- Welche Möglichkeiten zum Auflockern habe ich?

Für den Fachvortrag können folgende Quellen und Ansprechpartner „angezapft" werden:

- Fachbücher, Fachzeitschriften, Tageszeitungen,
- Wissenschaftliche Untersuchungen,
- Bibliotheken, Firmenarchiv,
- Korrespondenz, Akten, Kataloge,
- Projektberichte, Untersuchungsergebnisse,
- Kollegen, Mitarbeiter,
- Berater, Experten.

Für die Gelegenheitsrede gibt es je nach Anlass folgende Möglichkeiten:

- Nachfragen bei Familienmitgliedern oder Freunden nach persönlichen Daten,
- ein Motto finden,
- Zitate-Lexika,
- Hobby, Lieblingsmusik, Lieblingssänger, Lieblingsschauspieler usw.,
- positive oder negative Eigenschaften, die mit dem jeweiligen Tierkreiszeichen verbunden sind.
- Was geschah am selben Tag vor 10, 20, 30 usw. Jahren?

Vielleicht verfügen Sie auch über ein Ideenarchiv? Oder Sie legen sich ab jetzt ein solches an. Wenn Sie öfters Vorträge halten müssen, sollten Sie auf keinen Fall darauf verzichten. Halten Sie darin alle Gedanken fest, auf die Sie beim Lesen, durch eine Meldung im Rundfunk, im Gespräch oder anderweitig stoßen. Das Ideenarchiv kann eine Schachtel, eine Hängemappe im Schreibtisch oder ein Dokument im PC sein.

## Schritt 4: Erste Gliederung festlegen

Entscheiden Sie sich frühzeitig für eine erste Gliederung. Sie können gezielter vorgehen und Ihre Gedanken besser zuordnen sowie die einzelnen Teile besser gewichten. Außerdem wissen Sie, für welche Punkte Sie schon Material haben bzw. wo Sie noch weiter suchen müssen.

## Schritt 5: Hauptteil erarbeiten

Wenn wir oben empfohlen haben, zunächst alle Ideen festzuhalten, dann heißt das nicht, dass diese auch alle in den Vortrag eingehen. Nehmen Sie in das endgültige Manuskript nur auf, was wirklich gesagt werden muss.

Das fällt vor allem beim Fachvortrag manchmal schwer. Der Fachmann glaubt, im Sinne einer vollständigen Darstellung auch das letzte Detail noch nennen zu müssen. Je besser jemand mit einem Thema vertraut ist, umso schwerer fällt es ihm, etwas wegzulassen. Der Zuhörer ist durch zu viele Details dagegen überfordert und überblickt möglicherweise nicht mehr den Gesamtzusammenhang. Versuchen Sie, den Vortrag aus der Sicht der Zuhörer zu sehen. Gedanken, die für Sie selbstverständlich sind, sind für die Zuhörer völlig neu und müssen von diesen erst verarbeitet werden. Überfordern Sie Ihre Zuhörer nicht, sondern haben Sie den Mut, etwas wegzulassen. Denken Sie aber auch umgekehrt daran, dass den Zuhörern manche Voraussetzungen fehlen können, die zunächst erklärt werden müssen.

## Schritt 6: Falls möglich, ruhen lassen

Bei der Vorbereitung eines Vortrags, wie auch bei anderen Gelegenheiten, hören wir von vielen Menschen, dass sie erst unter Zeitdruck richtig arbeiten können. Stimmt diese Behauptung wirklich oder ist sie nicht nur eine Ausrede, um eine Arbeit zunächst einmal vor sich herzuschieben?

Wenn Sie sich mit Ihrem Thema schon einmal befasst haben, dann arbeitet dieses im Geist weiter, auch dann, wenn Sie nicht unmittelbar damit beschäftigt sind. Das gilt auch, wenn Sie durch eine Ruhephase in der Vorbereitung etwas Abstand gewinnen. Neue Ideen entstehen und Sie kommen aus eingefahrenen Denkschienen heraus. Diese Chance entgeht Ihnen, wenn Sie in allerletzter Minute nur das unbedingt Notwendige zusammentragen.

## Schritt 7: Stoff eingrenzen oder ergänzen

Durch die zeitliche Distanz verändert sich auch die Einstellung zum Thema. Nicht jeder Gedanke, den wir haben, muss auch ausgesprochen werden. Werfen Sie alles hinaus, was nicht unbedingt zum Erreichen des Redeziels erforderlich ist. Das gilt für Spontanideen ebenso wie für die systematische Materialsammlung.

Die Ruhephase bietet auch die Chance, Lücken im bisherigen Konzept zu erkennen. Dann ist es erforderlich, nochmals in die Materialsuche einzusteigen und die bisherigen Gedanken zu ergänzen.

## Schritt 8: Falls nötig, neu gliedern

Scheuen Sie sich nicht, Ihren Vortrag nochmals neu zu gliedern, wenn Sie eine bessere Idee haben. Deshalb war die bisherige Gliederung nicht nutzlos. Diese hat Ihnen auch schon geholfen, Ordnung in Ihre Gedanken zu bringen und zu erkennen, wo Sie Material haben und wo noch etwas fehlt.

## Schritt 9: Einleitung und Schluss formulieren

Die Behandlung des eigentlichen Themas ist Sache des Hauptteils. Wenn dieser steht, dann dürfte es nicht mehr schwer sein, einen passenden Einstieg sowie einen geeigneten Schluss zu finden.

Viele Redner verschießen ihr Pulver zu früh. Die Einleitung soll zwar Interesse wecken, aber sie soll nicht bereits das Problem behandeln. Meiden Sie diese Gefahr, indem Sie Einleitung und Schluss erst nach Fertigstellung des Hauptteils endgültig festlegen. Das schließt nicht aus, dass Sie gute Ideen für die Einleitung oder den Schluss zunächst auf Stichwortzetteln festhalten.

## Schritt 10: Endgültiges Stichwortmanuskript erstellen

Warum ein zweites Stichwortmanuskript erstellen? Kaum eine Erstfassung wird perfekt sein. Neue Einfälle, gestrichene oder hinzugekommene Gedanken, aber auch nur schlecht geschriebene Stichwortzettel erfordern diesen Schritt. Nur ein perfekt vorbereiteter Stichwortzettel wird im Vortrag eine wirkliche

Hilfe sein. Auch die endgültige Nummerierung der Stichwortzettel sowie die Ergänzungen um Regieanweisungen gehören an diese Stelle.

## Schritt 11: Hilfsmittel und Umfeld vorbereiten

Dieser Schritt kann zeitlich parallel mit den vorhergehenden Schritten ablaufen. Während der Vorüberlegungen werden Sie sich auch über geeignete Hilfsmittel Gedanken machen.

Soweit Sie Einfluss nehmen können, sollten Sie auch an das Umfeld denken. Sind ausreichend Plätze vorhanden? Steht ein Tageslichtprojektor zur Verfügung? Funktioniert das Mikrofon?

## Schritt 12: Generalprobe

Überprüfen Sie Ihre Vorbereitung durch einen Probevortrag. Entweder allein mit Video- oder Tonbandkontrolle oder vor Freunden oder Familienmitgliedern. Besonders kritisch (aber ehrlich) ist der direkte Partner. Bitten Sie einen solchen Zuhörerkreis um offene Kritik.

Durch eine solche Generalprobe können Sie prüfen, ob Sie sich innerhalb der vorgesehenen Redezeit befinden und ob Ihre Gliederung folgerichtig aufgebaut ist. Sie können „schwierige Formulierungen" trainieren und Sie erfahren, ob bestimmte Elemente, z.B. Beispiele, so ankommen, wie Sie sich das vorgestellt haben. Das alles vermittelt zusätzliche Sicherheit.

# Sich selbst vorbereiten

Die bisherigen Ausführungen haben sich auf die Vorbereitung Ihres Vortrags bezogen. Darüber hinaus müssen auch Sie sich vorbereiten. Bevor Sie die Möglichkeit haben, Ihre Zuhörer durch eine geeignete Anrede und eine pfiffige Einleitung zu beeindrucken, haben sich diese bereits einen ersten Eindruck von Ihnen gebildet. Wie dieser erste Eindruck ausfällt, hängt u.a. davon ab, wie sicher Sie auftreten und ob Sie dem Anlass entsprechend gekleidet sind.

Schon die Art und Weise, wie Sie zum Redeplatz gehen und diesen einnehmen, wird von den Zuhörern registriert. Gehen Sie aufrecht mit festem Gang. Nehmen Sie dabei bereits Ihre Stichwortzettel in die Hand. Lassen Sie sich nicht davon beirren, dass sich einige Zuhörer vielleicht noch unterhalten oder anderweitig beschäftigt sind. Denken Sie daran, nicht zu früh mit dem Sprechen zu beginnen.

## Kleidung

Der zitronengelbe Pullover ist bei der Trauerrede genauso fehl am Platz, wie der Trainingsanzug beim Fachvortrag über die neuesten Konjunkturdaten. Werden Sie nicht durch eine falsche Kleidung zum Außenseiter. Orientieren Sie sich bei der Auswahl Ihrer Garderobe daran, wie die Zuhörer voraussichtlich gekleidet sein werden.

Noch ein kleiner Tipp: Überfüllte, ausgebeulte Jacken- oder Hosentaschen machen sich nicht gut. Insbesondere klimpernde Münzen oder ein dicker Schlüsselbund sollten vorher herausgenommen werden.

## Nur für Brillenträger

Mancher mag es für eine Nebensächlichkeit halten. Aber überprüfen Sie einmal, wie es wirkt, wenn ein Redner die Brille ständig auf- und absetzt. Sie müssen abwechselnd in Ihr Stichwortmanuskript und zu den Zuhörern sehen. Der Autor dieses Buches hat sich nach verschiedenen Versuchen für eine Halbbrille entschieden. Zum Stichwortlesen ist sie erforderlich, der Blickkontakt drüber weg geht noch ohne. Finden Sie rechtzeitig eine geeignete Lösung.

## Uhr

Nehmen Sie eine gut ablesbare Uhr mit. Der Redner wird auch daran gemessen, ob er die vorgesehene Redezeit einhält. Sie müssen also von Zeit zu Zeit auf die Uhr blicken.

Wenn eine Möglichkeit zum Ablegen vorhanden ist, dann legen Sie die Uhr so, dass Sie diese im Blick haben. Mit dem Ablegen der Uhr vermitteln Sie den Zuhörern den Eindruck, dass Sie sich darum bemühen wollen, die vorgesehene Redezeit einzuhalten.

Wenn Sie frei im Raum stehen, dann tragen Sie die Uhr auf der Innenseite des Handgelenks. Damit können Sie die Zeit kontrollieren, ohne dass es allzu sehr auffällt. Es wird zwar vom Redner erwartet, dass er seine Redezeit einhält, wer aber zu häufig auf die Uhr schaut, wird als nervös eingestuft. Außerdem gewinnen manche Zuhörer den Eindruck, Sie würden sich nicht genug Zeit nehmen.

# Übungen

Auf den vorhergehenden Seiten haben Sie zahlreiche Regeln und Empfehlungen kennen gelernt. Wie können Sie diese nun umsetzen? Es ist sicherlich unmöglich, alles gleichzeitig zu probieren. Aber das ist auch nicht erforderlich, denn vieles beherrschen Sie bereits und wenden es automatisch an. Das haben Ihnen auch schon die bisherigen Übungen bewiesen.

## Bestandsaufnahme

Wir empfehlen deshalb zunächst eine Bestandsaufnahme zu machen, indem Sie zwei oder drei kleine Vorträge zu selbst gewählten Themen halten. Auch die im Kapitel „Übungen zum Reden mit Stichwortzetteln" beschriebenen Übungen eignen sich für die Bestandsaufnahme. Stellen Sie fest (oder lassen Sie feststellen), was Sie bereits beherrschen und wo es noch Mängel gibt. Sie werden erstaunt sein, wie viele unserer Empfehlungen Sie schon einsetzen.

### Stufenweises Umsetzen

Greifen Sie von den festgestellten Schwachpunkten zwei oder drei heraus, auf die Sie sich beim nächsten Vortrag konzentrieren. Wenn Sie festgestellt haben, dass Sie zu schnell sprechen und die Zuhörer zu wenig ansehen, dann achten Sie vor allem auf das Sprechtempo und den Blickkontakt. Sorgen Sie durch Regieanweisungen in Ihrem Stichwortmanuskript dafür, dass Sie regelmäßig an dieses Vorhaben erinnert werden. Wenn Sie diese Schwächen weitgehend bereinigt haben, dann wechseln Sie auf zwei weitere Ansatzpunkte. Sie werden über den schnellen Erfolg überrascht sein, der sich durch die Konzentration auf einzelne Schwachstellen einstellt.

# Von der Zeitungsmeldung zum Kurzvortrag

Diese Übung verdeutlicht, dass sich eine Rede vom geschriebenen Text unterscheiden muss. Außerdem können Sie den Einsatz von Redeformeln üben. Suchen Sie sich in Tageszeitungen kleinere Berichte (etwa 20 bis 40 Zeilen) heraus. Erstellen Sie daraus unter Verwendung einer Redeformel ein kurzes Stichwortmanuskript. Aus der Überschrift erfahren Sie zumeist, ob es sich um einen Sach- oder einen Überzeugungsvortrag handelt.

# Zeichnen

Durch die folgende Übung wird den Teilnehmern deutlich, wie schwierig es ist, einfache Dinge verständlich zu erklären. Sie sehen auf der nächsten Seite zwei Bilder mit geometrischen Figuren.

Gehen Sie wie folgt vor: Ein Freiwilliger erhält das erste Bild (ohne dass es die anderen sehen) und muss dieses den übrigen Teilnehmern in Worten so erklären, dass es von diesen nachgezeichnet werden kann. Es dürfen keine Fragen gestellt werden. Anschließend werden Zeichnungen und Original miteinander verglichen. Wiederholen Sie die Übung mit dem anderen Bild und einem weiteren Freiwilligen. Zeichnen Sie bei Bedarf eigene Bilder für weitere Übungen.

Es geht nicht darum festzustellen, ob „schlecht" erklärt oder „schlecht" zugehört wurde. Entscheidend ist, dass den Teilnehmern die Abweichungen zwischen Sagen und Verstehen bewusst werden.

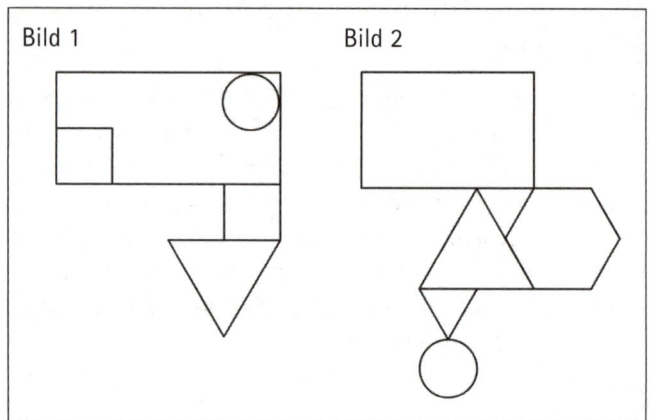

Bild 1                          Bild 2

# Geschichten erzählen

Diese Übung wird in ähnlicher Form auch in Seminaren zur Persönlichkeitsentwicklung durchgeführt. Sie eignet sich für eine oder mehrere Gruppen von vier bis sechs Teilnehmern. Gespielt werden mehrere Runden. Auch bei dieser Übung geht es darum, in spielerischer Form Sicherheit aufzubauen.

## 1. Runde:

Ein Teilnehmer sitzt den übrigen frontal gegenüber. Der allein Sitzende erzählt etwa eine Minute lang ein Kindheits- oder Jugenderlebnis. Die anderen hören zu und klatschen Beifall, wenn der Erzähler fertig ist. Der bisherige Erzähler tauscht den Platz mit einem Zuhörer. Dieser erzählt ebenfalls etwa eine Minute lang ein Kindheits- oder Jugenderlebnis. Wiederum Beifall und Platztausch bis alle einmal erzählt haben.

## 2. Runde:

Der Redner sitzt und die Zuhörer stehen. Thema: Ein schulisches oder berufliches Erlebnis. Der Ablauf vollzieht sich wie in der ersten Runde. Nacheinander muss jeder eine Geschichte erzählen und erhält dafür Beifall. Die ungewöhnliche Anordnung (vor stehenden Zuhörern) bedeutet für manche ein kleines Problem; vergleichbare Situationen treffen wir im Alltag z.B. vor Gericht an.

## 3. Runde:

Der Redner steht und die Zuhörer sitzen (= frei sprechen vor Gruppen). Thema: ein Erlebnis im Verkehr oder ein Reiseerlebnis. Wieder erzählt nacheinander jeder etwa eine Minute lang.

## 4. Runde:

Alle stehen. Das Thema stammt aus dem großen Feld Politik. Im Gegensatz zu den bisherigen Runden hören die Zuhörer aber nicht zu, sondern unterhalten sich miteinander. Der Redner muss dennoch weiter sprechen und mindestens eine Minute durchhalten. Wenn er fertig ist, hebt er den Arm, dann müssen alle Beifall spenden. In dieser Situation fällt es besonders schwer, wegen des fehlenden Interesses der Zuhörer durchzuhalten.

# Zitate interpretieren

Diese Übung eignet sich besonders für Gruppen. Neben den Lernzielen „Stichwortreden" und „Sicherheit aufbauen" zwingt die Übung dazu, sich einmal mit einem „anderen Aspekt" (im Gegensatz zum Fachproblem oder Lieblingsthema) auseinanderzusetzen. Schreiben Sie vorher auf Zettel jeweils ein Zitat, ein Sprichwort oder eine Lebensweisheit und lassen Sie die Teilnehmer ziehen (oder lassen Sie aus einer Liste ein Thema auswählen). Nach einer kurzen Vorbereitung (15 Minuten) eines Stichwortmanuskripts muss über das gezogene Thema ein Vortrag von drei bis fünf Minuten Dauer gehalten werden.

## Themenbeispiele

- Dumme Gedanken hat jeder, nur der Weise verschweigt sie. *(Wilhelm Busch)*

- Wer verlangt, dass mit offenen Karten gespielt wird, hat gewöhnlich alle Trümpfe in der Hand. *(Graham Greene)*

- Jede Situation ist beeinflussbar. *(Arthur Schopenhauer)*

- Natürlich sein ist eine Pose, die sich schwer durchhalten lässt. *(Oscar Wilde)*

- Wer seinen Hund liebt, muss auch seine Flöhe lieben. *(Bantuweisheit)*

- Es geht uns allen schlecht, aber auf einem sehr hohen Niveau. *(Karl Heinrich Lebherz)*

- Manche meinen, wenn jeder zuerst an sich selbst denke, sei schließlich auch an jeden gedacht. *(Bernhard Vogel)*

- Es gibt keine Höhen, wenn dazwischen nicht auch Täler liegen. *(Manfred Kerler)*

- Es kommt nicht darauf an, woher der Wind weht, sondern dass man die Segel richtig setzt. *(Bernhard Plettner)*

- Den Wert eines Menschen erkennt man daran, was er mit seiner Freizeit anfangen kann. *(Karl Heinrich Waggerl)*

- Lache nie über die Dummheit der anderen; sie ist deine Chance. *(Winston Churchill)*

# Erweiterung des Wortschatzes

- Wörter und Wortwendungen, die Sie hören und lesen und die Ihnen zusagen, sammeln (z.B. in einem Zettelkasten).

- Beteiligung an Diskussionen; dabei können gelungene Formulierungen anderer Teilnehmer aufgegriffen und wiederholt werden.

- Texte lesen und frei wiedergeben (z.B. Zeitungs- oder Zeitschriftenartikel); bei größeren Texten können die Kerngedanken bzw. Wörter und Wendungen, die Sie unbedingt verwenden wollen, auch auf Stichwortzetteln notiert werden.

- Beschreibung von Geschehnissen, Gegenständen (Bilder, Maschinen) oder Personen. Verwenden Sie dabei eine möglichst bildhafte Sprache.

- Gezielte Wortschatzübungen, wie z.B. Synonyme (sinngleiche Begriffe) bilden für bestimmte, viel verwendete Wörter (statt reden z.B. sprechen, brüllen, schreien usw.).

## Auf einen Blick: Vorbereitung und Training

- Gehen Sie bei der Konzeption Ihrer Rede stets systematisch vor: Mit dem Ablaufschema der 12 Schritte sind Sie immer auf der sicheren Seite.

- Sie möchten rundherum einen guten Eindruck bei Ihrem Publikum hinterlassen. Denken Sie daran, dass sich Ihr Publikum bereits einen ersten Eindruck von Ihnen bildet, bevor Sie mit dem Sprechen beginnen.

- Gehen Sie selbstbewusst zum Redeplatz und achten Sie auf eine dem Anlass entsprechende Kleidung.

- Verwenden Sie die vorgestellten Übungen wie einen kleinen Kurs, der Ihnen in der Praxis zu größerer Sicherheit und sprachlicher Gewandtheit verhelfen wird.

# Teil 2: Grüße und Glückwünsche

# Vorwort

Wieder mal hat ein Kollege Geburtstag und Ihnen fällt einfach kein schöner Glückwunsch für die Gemeinschaftskarte ein? Oder ein langjähriger Geschäftskunde feiert seine goldene Hochzeit und ein netter, verbindlicher Brief von Ihnen wäre durchaus angemessen? Oder von Ihnen wird eine kurze Ansprache erwartet, zum Jubiläum eines Mitarbeiters, zum Geburtstag des Chefs, zur Hochzeit Ihres besten Freundes? Wie bringen sie die Anwesenden zum Schmunzeln, wie drücken Sie Dank, Anerkennung und Wertschätzung für den Glückwunschempfänger aus, ohne dass es gekünstelt oder banal wirkt? Denn Glückwünsche sollen ja von Herzen kommen – und Sie suchen nach einer Möglichkeit, sie trotzdem schnell und unkompliziert zu formulieren.

Dann sind Sie hier richtig: In diesem Buch finden Sie im Nu Ihren persönlichen Glückwunsch für private und berufliche Anlässe von der Geburt bis zur Pensionierung. Unsere Beispiele sind Bausteine, die Sie auf Karten, in E-Mails, in Briefen oder Ansprachen verwenden können. Geordnet nach Anlässen und Empfänger – Verwandte, Freunde, Kollegen, Chefs, Geschäftspartner, Kunden –, erleichtert Ihnen der TaschenGuide jede private und gesellschaftliche Verpflichtung. Darüber hinaus finden Sie zahlreiche Anregungen für individuell gestaltete Glückwunschschreiben. Viel Spaß beim Gratulieren wünscht Ihnen

*Ihr Frank Rosenbauer*

# Zum Geburtstag

Jeder freut sich über eine Glückwunschkarte zum Geburtstag. Nur: Was schreibt man dem „Geburtstagskind"? Hier finden Sie einige Anregungen, die Sie auf eigene Ideen bringen.

Im folgenden Kapitel finden Sie Muster für

- kurze Glückwünsche an Eltern und Großeltern, an die eigenen Kinder und an Geschwister, Partner sowie Freunde und Bekannte,
- Karten an Kollegen, Mitarbeiter und Vorgesetzte und
- etwas förmlichere Schreiben an Geschäftspartner oder Kunden sowie kurze Ansprachen bei einer Feier.

# Verwandten gratulieren

Je individueller, desto besser kommen Glückwünsche an. Dafür haben Sie einige Möglichkeiten. Spannen Sie am besten den Bogen von der Kindheit in die Gegenwart. Suchen Sie nach bemerkenswerten, positiven Eigenarten, besonders typischen Verhaltensweisen oder einem Ereignis aus der Vergangenheit und schildern Sie diese mit herzlichen Worten.

## Eltern und Großeltern beglückwünschen

Auch wenn es zwischen Kindern und Eltern schon mal Krach und kritische Phasen gibt: Glückwünsche sollten nur Positives enthalten, wie Lob, Komplimente, die Schilderung schöner gemeinsamer Erlebnisse und Dank. Denken Sie bei erheblich älteren Verwandten daran: Nicht jeder, der es eigentlich sein könnte, ist auf sein Alter stolz. Unverfänglicher: Wünschen Sie lieber Gesundheit oder sagen Sie Dankeschön.

### Glückwünsche für Karten, E-Mails und Sms

In der Kürze liegt die Würze! Glückwünsche in wenigen Zeilen können sehr liebevoll und persönlich wirken.

**Beispiele: Reime, mit und ohne Blumengruß**

■ Lieber Papa,
nach einem Glückwunsch ist mir sehr zumute.
Ich gratuliere herzlich: Alles Gute!
Aber ich wünsche dir mehr, ich wünsche dir nur das Beste –
vor allem beste Gesundheit. Herzlichen Glückwunsch zum Geburtstag!

- Liebe Mama,
Eine Rose für dich und dazu ein „Dankeschön",
du bist die Beste, die es gibt für mich.
Dein Sohn

- Liebe Mama,
nimm die Blumen, die ich habe,
es ist meine liebe Gabe.
Und das Verslein, das ich schreibe –
mit ihm ich meinen Dank dir zeige!

**Beispiele: Gesundheit und langes Leben**

- Liebe Omi, heute ist dein 80. Geburtstag und noch immer bist du fit. Damit das auch weiterhin so bleibt, gratuliere ich dir ganz herzlich zu deinem Geburtstag und wünsche dir vor allem gute Gesundheit – damit du spielend 100 wirst!

- Lieber Opa, zu deinem Geburtstag wünsche ich dir von Herzen alles Liebe. Bleib so, wie du bist – und bleib uns vor allem noch sehr lange erhalten, denn in unserer Familie bist du der Fels in der Brandung!

## Briefe und kurze Ansprachen

Die Schilderung eines gemeinsamen Erlebnisses oder einer Erinnerung bzw. ein Zitat steigern die Aufmerksamkeit zu Beginn eines Briefs oder einer Rede. Ein guter Einstieg schafft einen Spannungsbogen und macht die Zuhörer neugierig. Wer es kurz machen möchte, kann auf einen ausführlichen Mittelteil mit einer ganzen Reihe von Erinnerungen, Komplimenten und Anekdoten verzichten und direkt nach dem Einstieg

recht schnell zum Schlusswort kommen – mit Pointe, Glückwunsch und Gruß.

## Beispiele: Kindheitserinnerung

▪ Liebe Mama, ich kann mich noch gut erinnern, wie ich in
den Kindergarten in der Ahornstraße gekommen bin. Am
ersten Tag brachten die Mütter ihre Sprösslinge bei strömen-
dem Regen zum Kindergarten – und fast alle Kinder haben
geheult. Ich leider auch. Dann gingen die Mütter und ließen
ihre Kinder im Kindergarten. Alle Mütter waren weg – aber du
warst noch da! ...

▪ Lieber Opa Franz, ich kann mich noch gut daran erinnern,
wie ich im Alter von sechs Jahren, als Mama arbeiten musste,
immer Frühstück von dir bekommen habe. Heute noch erinnere ich mich besonders gern an die Nutella-Schnittchen! Du
hast fein säuberlich die Brotrinde abgeschnitten und die
Butterbrote dann für mich mundgerecht in kleine Portionen
zerstückelt. Zur Krönung hast du das Ganze schließlich zum
Rösten auf den Kachelofen gelegt!
...
Ich wünsche dir zum Geburtstag alles Gute, vor allem gute
Gesundheit. Wenn du irgendwann doch mal jemanden
brauchst, der dir Nutella-Schnittchen macht, dann bin ich
immer für dich da!

## Beispiel: Zitat zum Alter des Geburtstagskinds

▪ Lieber Papi! Goethe hat einmal gesagt: „Das Alter ehr' ich,
denn es hat für mich gelebt." Du hast immer für deine Familie
gelebt und durch deinen enormen Fleiß hast du mir einen
hervorragenden Start ins Leben ermöglicht.

Auf jeden Fall wünsche ich dir an deinem 70. Geburtstag, dass du es nun endlich ein bisschen ruhiger angehen lässt. Also, pass gut auf dich auf, denn ich habe dich sehr lieb. Herzlichen Glückwunsch und alles Gute zum Geburtstag!

# Kinder und Geschwister: Happy Birthday

Geschwistern muss man keine Romane schreiben – ein, zwei launige Sätze in einer witzig-ironischen Glückwunschkarte genügen in der Regel. Eltern schreiben an Kinder, wenn sie den Geburtstag nicht zusammen feiern können oder nicht mehr unter einem Dach leben. Ihr Brief wird persönlicher, je stärker Sie ermunternd und mit viel Anteilnahme und Bewunderung auf Ereignisse eingehen, die Ihr Kind oder Ihre Geschwister gerade beschäftigen, wie zum Beispiel:

- eine Herausforderung, die das Geburtstagskind gerade zu bestehen hat (Umzug, Prüfung, Jobwechsel)
- einen aktuellen Erfolg (Beförderung, Hausbau, Abschluss in Schule, Studium, Ausbildung usw.)
- eine aktuelle private Veränderung (Geburt eines Kindes oder Enkels, Heirat, Hochzeitsjubiläum usw.)

## Glückwünsche für Karten, E-Mails und Sms

Die Anrede mit Namen ist die persönlichste. Aber manchmal kann auch ein „Brüderchen", eine „Lieblingsschwester" oder ein Spitzname Herzen öffnen. Auch Wortspiele bereiten viel Freude. Ein guter Aufhänger sind immer Erfolge, Herausforderungen, Vorhaben oder besonders hervorragende Eigenschaften des Jubilars.

### Beispiele: Erfolge und große Vorhaben

▪ Heute ist der so lang ersehnte Tag endlich da: Du wirst 18 Jahre alt! Die Vorbereitungen hast du ja schon perfekt getroffen und bist rasant durch alle Prüfungen in Richtung Führerschein gebraust! Wir sind sicher, auch dein weiteres Leben wird ebenso erfolgreich verlaufen und falls du dich doch einmal verfahren solltest: Wir sind für dich da! Herzlichen Glückwunsch zum Geburtstag und alles Gute! Wir haben dich sehr lieb. Deine Eltern

▪ Nun hast auch du das Abi bestanden! Damit hast du dir selbst das schönste Geschenk zum Geburtstag gemacht. Ich finde, du hast ganz hervorragende Leistungen erbracht und ich bin wirklich stolz auf dich! Zu deinen bestandenen Prüfungen gratuliere ich dir ganz herzlich und wünsche dir einen ebenso erfolgreichen Weg durch das Medizinstudium, das du demnächst beginnen möchtest.
Dein Vater Michael

▪ Lieber Lieblingsbruder! Endlich die 20 hinter dir – und eine Riesenchance in New York vor dir! Glückwunsch, Glückwunsch – und viel Glück!

▪ Hallo Schwesterchen, die 30 zelebrieren und nebenher noch promovieren? Respekt und alles Gute, Frau Doktor in spe! Auf dich, kluges Geburtstagskind, trinke ich nun einen kräftigen Schluck mit Glückwunsch, Gruß und Händedruck!

## Beispiele: Wortspiele und Zitate

▪ Lieber Sohn, als du etwa sieben Jahre alt warst, hatten wir an Weihnachten ja nie Plätzchen, denn egal, wo wir sie versteckten, du hast sie immer erschnuppert. Du hattest eine feinere Nase als unser Foxterrier Wotan! Heute wirst du 27, beweist deinen hervorragenden Riecher erfolgreich als Wertpapier-Spezialist – und hast nun mit deinem feinen Näschen auch eine wunderbare Schwiegertochter für uns aufgespürt! Wir sind sehr stolz auf dich und wünschen dir, dass du auch in den nächsten Jahren deinen guten Weg weitergehst. Ganz herzlichen Glückwunsch zum Geburtstag!

▪ Meine liebe Tochter, direkt nach deiner Geburt habe ich dich in meinen Armen gewiegt, und du hast deine Fingerchen fest zusammengedrückt. Du warst schon damals echt stark – nicht nur mit deinen kleinen Fäusten ...! Und jetzt bist du plötzlich 20. Nicht mehr mein kleines Mädchen, sondern eine starke und intelligente junge Frau, die auf ihren eigenen Beinen steht. Weiter so und herzlichen Glückwunsch zu deinem 20. Geburtstag, Maria!

▪ Daniel, ich kann mich gut erinnern, wie begeistert du früher mit deinen Matchbox-Autos gespielt und sie überall in der Wohnung geparkt hast, sodass selbst unsere Katze darüber fiel. Heute sind deine Autos etwas größer geworden und du parkst sie in richtigen Garagen, aber trotzdem wirst du in meinem Herzen immer mein kleiner Sohn sein, den ich über alles liebe! Ich gratuliere dir zu deinem 30. Geburtstag und wünsche dir noch sehr viel PS für dein weiteres Leben.

• Eine kluge Frau hat einmal gesagt: „Es kommt nicht darauf an, wie *alt* man wird, sondern *wie* man alt wird." Auch du bist eine kluge Frau – deswegen: Werde auch weiterhin mit Spaß, Witz und Freude älter, wünscht dir von Herzen, deine Schwester Irmi.

# Geburtstag des Ehepartners

Bei einer Geburtstagsrede für den Partner sollten Sie mehr tun, als nur das Lebensalter zu erwähnen und alles Gute zu wünschen. Doch wie fangen Sie am besten an? Und wenn Sie einmal in Fahrt sind: Wie hören Sie wieder auf?

## Reden und Briefe

### Beispiele: Gemeinsames Hobby

• Seit 60 Jahren wandelst du nun schon auf Erden und mehr als die Hälfte deines Wegs bist du an meiner Seite gegangen, über Stock und Stein, durch Berg und Tal. Damit meine ich nicht nur unsere vielen schönen Wanderungen, in Südtirol, im Harz oder im vergangenen Jahr wieder im Burgenland, sondern vor allem unsere gemeinsame Wanderung durchs Leben.

Ich wünsche dir, dass du dir noch lange die Wanderstiefel schnüren kannst und schön gesund bleibst, damit ich noch lange an deiner Seite durchs Leben gehen darf, denn ich liebe dich, Deine ...

• Nun haben wir gemeinsam viele 100 Kilometer und rasante 30 Jahre hinter uns gebracht. Wir sind wirklich allen davongefahren auf dem Radweg des Lebens und haben Steine,

Schlaglöcher und Wurzeln souverän umkurvt. Kein platter Reifen konnte uns beide jemals aufhalten und es ist mir auch vollkommen egal, wohin wir fahren, Hauptsache, wir sind zusammen!

In diesem Sinne kann ich nur sagen, ich hoffe, dass wir uns auch die nächsten 30 Jahre noch gemeinsam durch Wind und Wetter radeln, egal, was kommen mag, weil ich dich liebe! Dein ...

■ Lieber ..., mit dir gemeinsam das Gesicht in den Wind halten und das Salz auf den Lippen schmecken – für mich kann es nichts Schöneres geben. Ich bin bereit, jede Klippe des Lebens mit dir zu umsegeln und jedem Sturm zu trotzen. Wohin uns der Wind auch führen mag, ich bleibe bei dir!

Ich möchte auch in den nächsten Jahren dein Skipper sein, mein Kapitän, denn ich will nur unter deiner Flagge segeln! Herzlichen Glückwunsch, mein fliegender Holländer! Deine Leichtmatrosin ...

# Freunde und Bekannte wünschen Glück

Oft genügt hier ein kecker Spruch. Es kommt auch gut an, wenn Sie auf eine besondere Leidenschaft des Geburtstagskinds anspielen, eine Sportart oder die Begeisterung für ein Hobby.

## Glückwünsche für Karten, E-Mails und Sms

### Beispiele: Mit Witz

▪ Na, du Früchtchen! Du wirst immer reifer und reifer – und plumps, bist du Fallobst. Na ja, das kann ja auch noch ganz lecker sein. Herzlichen Glückwunsch zum Geburtstag, Süßer!

▪ Liebes Lottchen, weißt ja, siehst halb so jung aus wie du wirst und wirst die jüngste Oma der ganzen Welt! Glückwunsch hoch zwei, sagt dir herzlich dein ...

▪ Eigentlich ist es ja Brauch, Kerzen in der Zahl der Geburtsjahre auf die Torte zu stellen ... So einen großen Kuchen konnten wir auf die Schnelle nicht auftreiben. Aber keine Sorgen, für deinen 100. Geburtstag haben wir schon einen vorbestellt. Bitte bleib uns so lange in alter Frische erhalten! Deine Mädels

▪ Weißt du noch, als wir beide 20 waren? Wir waren unwiderstehlich! Und was sind wir heute? Älter? Auf keinen Fall, denn Männer werden ja gar nicht älter, sondern besser. Und deshalb, lass es krachen, mein Freund! Alles Gute zum Geburtstag! Dein Kumpel ...

▪ Na, freust du dich über unser Geschenk, Andreas? Aber selbst mit den rasantesten Inline-Skates kannst du dem Alter nicht davonfahren, denn es ist einfach zu schnell. Bleib trotzdem rasant und sportlich, wie eh und je. Mit den besten Glückwünschen zum Dreißigsten, deine ....

## Reden oder Briefe

### Beispiel: Einstieg über das gemeinsame Hobby

▪ Du bist zwar mit nun 50 noch kein alter Mann, jedenfalls noch nicht ganz, aber du gehörst ja zu den „Alten Herren". In deinem Alter spielst du immer noch Fußball! Respekt. Die meisten Tore beim Fußball fallen rein statistisch gesehen in der 90. Spielminute. Und jeder weiß, lieber Gustav: Ein Spiel dauert keine 50 Minuten, sondern 90. Und meistens ist da auch noch 'ne Verlängerung drin!

Genau das will ich dir sagen: Bei 50 ist gerade mal Halbzeit – du kannst noch lange weiterspielen! Und 'ne Verlängerung kriegst du auch noch hin! 50 ist noch gar nichts und die meisten Tore fallen sowieso später. Ich wünsche dir noch viele Siegtreffer in deinem Leben – und das du weiterhin so ein toller und witziger Mensch bleibst! Herzlichen Glückwunsch zum Geburtstag und Anpfiff für die zweite Halbzeit!

### Beispiel: Einstieg über die Gesundheit / Zitat

▪ Liv Ullman, die berühmte Schauspielerin, hat einmal gesagt: „Mit meinem Geburtsdatum vertrage ich mich ausgezeichnet. Wenn man lange leben will, muss man eben älter werden. Das ist doch ganz selbstverständlich."

Ich kann mich noch gut an meinen 30. Geburtstag erinnern. Da habe ich mich mit meinem Geburtsdatum gar nicht mehr vertragen. Ich musste erst mal damit klarkommen, dass ich, wie es damals hieß, kein „Twen" mehr bin! Aber auch als „Thirty-Something", wie es ja heute heißt, habe ich mich schnell wohl gefühlt. Eigentlich war überhaupt kein Unterschied zu spüren. Hauptsache du bleibst gesund!

Genau das wünsche ich dir, liebe Johanna: Bleib immer gesund, fröhlich, frisch und munter. Feire schön und sei recht heiter. Vergiss nie: Die Welt, sie dreht sich weiter!

# Für Kollegen, Mitarbeiter, Chefs und Geschäftspartner

Zwischen förmlich und witzig-frech bewegt sich das weite Feld dieser Glückwünsche. Natürlich dem Vertrautheitsgrad angepasst: Bei Geschäftspartnern und -kunden darf es ruhig etwas förmlicher sein.

## Glückwünsche für Kollegen und Vorgesetzte

Vom Kollegenkreis unterschriebene Glückwunschkarten sind in vielen Unternehmen üblich. Dabei ist ein Stil gefragt, der nicht förmlich wirkt und bürokratische Wendungen vermeidet. Je nach Kollegenkreis dürfen die Glückwünsche auch lustig oder etwas frech sein – im Folgenden einige Anregungen dazu.

## Beispiele: Kurze, witzige Sprüche für Karten

▪ Wir freuen uns, dass du wenigstens einmal im Jahr pünktlich im Büro erscheinst, nämlich um deine Geschenke abzuholen! Mit den besten Glückwünschen zum 40. Geburtstag, deine Kollegen

▪ Tagein, tagaus schuften wir hier, da hast du dir auch mal einen Moment der Erholung verdient. Wir sehen uns morgen in alter Frische oder mit frischem Kater! Herzlichen Glückwunsch! Deine ...

▪ Natürlich wissen wir, wie sehr du Faxgerät, Telefone und Kopierer liebst, aber heute musst du dich mal zur Abwechslung mit Torte, Geschenken und Geburtstagsliedern zufrieden geben! Wir hoffen, du überlebst das. Mit den besten Glückwünschen, deine Mädels

▪ Auch ein Workaholic braucht mal Pause, also lass dich von deiner Familie und deinen Freunden verwöhnen und genieße den Tag! Hoffentlich bekommst du keine Bleistifte oder Lineale geschenkt! Happy Birthday to you, deine Kollegen!

▪ Alles Liebe zum Geburtstag, lieber Martin, wünscht dir dein Team. Ein Ständchen werden wir dir jetzt nicht bringen, denn du hast ja sonst schon genug um die Ohren!

▪ Und schon wieder ein Jahr älter ... Tröste dich, das macht nichts, so alt wie unser Laden bist du ja noch lange nicht! Mit den besten Glückwünschen, deine ...!

## Glückwünsche auf Karten

**Beispiele: Förmlichere Glückwünsche im Namen der Belegschaft**

- Zu Ihrem Geburtstag wünsche ich Ihnen alles erdenklich Gute! Mögen Ihnen die nächsten 40 Jahre viel Glück, Gesundheit und Erfolg bringen! Ihr Kollege

- Goethe hat einmal geschrieben: „Das Alter ehr' ich, denn es hat für mich gelebt." Wir – Ihre Kollegen – ehren Sie, denn Sie leben für unsere Firma. Und das soll auch noch lange so bleiben, denn was wären wir ohne Sie? Alles Gute zum Geburtstag, Ihre Kollegen

- Wir, die gesamte Belegschaft, gratulieren Ihnen recht herzlich zum Geburtstag und sagen Danke dafür, dass Sie ein toller Teil unseres Teams sind!

- Das Alter wird ja oft mit Weisheit gleichgesetzt. An Ihrer Kompetenz und Ihren Fähigkeiten kann sich jeder unserer Kollegen noch ein Beispiel nehmen! Herzliche Glückwünsche zu Ihrem 60. Geburtstag!

## Kurze Ansprachen

Überlegen Sie, welche Leistung, Fertigkeit oder Eigenschaft des Kollegen bemerkenswert ist, die zunächst nicht direkt etwas mit der Arbeit zu tun hat. Dann kommen Sie bestimmt auf einen persönlichen und originellen Einstieg.

## Beispiele: Erinnerungen und besonderes Engagement

- Sehr verehrter Herr Kollege – lieber Herr Müller!

Ich habe noch gut vor Augen, wie wir uns zum ersten Mal trafen: Das war 1984, hier in Berlin. Ich bemerkte schon damals: Sie sind ein äußerst intelligenter, strebsamer und fachkundiger Mann! Ich bin froh, dass wir Sie in unsere Mannschaft holen konnten und dass Sie uns treu geblieben sind!

Und das ist beileibe keine Selbstverständlichkeit. Denn, lieber Herr Müller: Sie müssen seit vielen Jahren jedes Wochenende 300 Kilometer mit dem Auto fahren, zu Ihrer Familie nach Hamburg – und dann wieder 300 Kilometer zurück zu uns. Ich habe das mal hochgerechnet, liebe Kollegen, es sind insgesamt rund 160.000 Kilometer! Das entspricht dem vierfachen Erdumfang! Das heißt, lieber Herr Müller: Sie sind viermal um die Welt gefahren, um immer wieder zurück zu uns nach Berlin zu kommen!

Wir alle hier wünschen Ihnen zum Geburtstag aller Guten, vor allem guten Gesundheit – und ich wünsche unserem Unternehmen, dass Sie uns noch lange erhalten bleiben, lieber Herr Müller! Wobei ich denke, dass wir darauf auch mal anstoßen können! Wir rufen nun aus, mit den Worten des großen Berliner Apothekers Theodor Fontane: „Kummer, sei lahm! Sorge, sei blind! Es lebe das Geburtstagskind!" Auf Ihr Wohl – Prost!

- Geschätzter Kollege Baum, erinnern Sie sich? Unser erstes Zusammentreffen war schrecklich schmerzhaft! Denn wir beide sind zusammengestoßen und sie hätten beinahe ihr 3-D-Modell fallen lassen. Zum Glück konnten wir es ja gerade noch auffangen. Zwar hatten wir auch in den folgenden Jahren hin und wieder einige berufliche Zusammenstöße, jedoch immer nur zum Besten der Kunden. Ich muss sagen, Sie sind einer der fähigsten Architekten, den ich kenne.

Ich danke Ihnen für 20 Jahre erfolgreiche Zusammenarbeit und hoffe, dass Sie noch lange in unserer Firma bleiben, denn Sie sind der beste Kollege, den man sich wünschen kann (nicht nur, weil Sie mich immer decken, wenn ich ausnahmsweise mal wieder zu spät komme). Ich wünsche Ihnen für die Zukunft alles erdenklich Gute, Gesundheit und Glück. Und mögen Ihnen Ihre Geistesblitze niemals ausgehen!

■ Sehr geehrter Herr Mayer, ein französischer Publizist namens Jean-Louis Servan-Schreiber hat einmal gesagt: „Ein Deutscher verspürt fast schon ein Bedürfnis, sich entschuldigen zu müssen dafür, dass er Chef ist." Bei Ihnen sehe ich dazu überhaupt keine Veranlassung, denn Sie sind eine erstklassige Führungspersönlichkeit. Und was am Wichtigsten ist: Sie haben niemals vergessen, Mensch zu bleiben!

# Glückwünsche für Geschäftspartner

Vor allem Glückwünsche bei Kunden und guten Geschäftsfreunde sollten Sie versuchen, mit originellen Ideen aus der Masse der Glückwunschschreiben hervorzustechen. Die Mühe lohnt sich! Recht leicht gelingt ein besonderer Einstieg mit Zitaten oder Wortspielen.

## Glückwünsche für Karten und kurze Briefe

### Beispiele: Altersbezug mit Ausblick in die Zukunft

▪ „Welche Freude, wenn es heißt: Alter, du bist alt an Haaren, blühend aber ist dein Geist!" Dieses Wort von Lessing möchte ich Ihnen mit auf den Weg geben – verbunden mit der Hoffnung, dass Ihr blühender Geist uns noch viele gemeinsame Erfolge beschert. Herzlichen Glückwunsch zum Geburtstag.

▪ Heute können Sie auf 50 erfüllte Lebensjahre zurückschauen, geprägt durch private und berufliche Erfolge sowie wertvolle Erfahrungen, die immer in Ihrer Erinnerung bleiben werden. Möge Ihre Zukunft aus dem guten Vergangenen schöpfen! Mit den besten Glückwünschen, Ihre …

▪ Schon in der Bibel steht geschrieben: Der Mensch lebt nicht vom Brot allein. Ich danke Ihnen, dass Sie mir seit so vielen Jahren mit Ihren Aufträgen das tägliche Brot zum Überleben geben. Doch das allein ist nicht der Grund, warum ich mich immer über Ihre Anrufe freue: Ihr goldener Humor und Ihre witzigen Sprüche sind einfach ansteckend und motivierend! Bewahren Sie sich Ihre lustige Art! Mit den herzlichsten Glückwünschen zum 50. Geburtstag, …

## Kurze Ansprachen zum Geburtstag

▪ Man sagt ja, Erfolg, sei die Kunst, Fehler zu machen, die keiner bemerkt. Sie, lieber Herr Wagner, sind ein wahrer Künstler, denn Fehler sind für Sie ein Fremdwort. So bin ich sicher, dass Sie auch tatsächlich Ihren 40. Geburtstag feiern,

obwohl Sie locker für Mitte 20 durchgehen! Unsere angenehme und spannende Zusammenarbeit hält auch mich jung.
Dafür danke ich Ihnen und wünsche Ihnen alles Gute für Ihre
nächsten Jahre!

■ Sehr verehrte, liebe Frau Krämer! Selbst heute, an ihrem 50.
Geburtstag, habe ich Sie noch arbeiten sehen! Von Ihrem Fleiß
und Ihrem Einsatz kann sich so mancher eine Scheibe ab-
schneiden. Was ich jetzt von Ihnen verlange, liebe Frau
Krämer: Bitte halten Sie sich fit und gesund, damit Sie uns
noch lange erhalten bleiben. Kümmern Sie sich mit all Ihrem
Fleiß auch um Ihre Gesundheit – Sie mögen noch lange leben!
Danke für alles – und alles Gute für Sie! Herzlichen Glückwunsch zum Geburtstag!

# Zitate und Reime

Zitate kommen gut an, wenn sie charmant und humorvoll sind Manche Zitate regen auch zum Nachdenken an.

## Zitate für jedes Lebensalter

„Als Mark Twain Redakteur und für die Sorgenspalte zuständig war, klagte eine 17jährige, sie verstehe sich mit ihrem Vater nicht; er sei rückständig und ohne Sinn für das Moderne. Mark Twain antwortete: „Ich kann Sie gut verstehen. Als ich 17 Jahre alt war, zeigte mein Vater ebenfalls keinerlei Bildung. Haben Sie Geduld mit alten Leuten! Zehn Jahre später, konnte ich mich schon vernünftig mit ihm unterhalten. Heute bin ich 37 und ich kann ihn fragen, wenn ich keinen Rat mehr weiß". Es ist verblüffend, was der alte Herr dazugelernt hat."

*Mark Twain (1835–1910), alias Samuel Langhorne Clemens, amerikanischer Schriftsteller*

„Jedes Alter kann einen guten Gebrauch vom Leben machen, aber man kennt die Möglichkeiten nur, wenn man dieses Alter durchlebt hat."

*Sully Prudhomme (1839–1907), französischer Dichter, erster Nobelpreisträger für Literatur (1901)*

„Mit meinem Geburtsdatum vertrage ich mich ausgezeichnet. Wenn man lange leben will, muss man eben älter werden – das ist doch ganz selbstverständlich."

*Liv Ullman, geb. 1938, norwegische Schauspielerin*

„Alles, was Spaß macht, hält jung."
*Curd Jürgens (1915–1982), österreichischer Schauspieler*

„Owe war sint verswunden alliu míniu jâr!/ ist mri mín leben getroumet, oder ist ez wâr?"
„O weh, wohin entschwanden alle meine Jahre! War mein Leben ein Traum, oder ist es Wirklichkeit?"
*Acht Jahrhunderte alter Satz von Walther von der Vogelweide, bedeutender, deutschsprachiger Lyriker des Mittelalters.*

„Du merkst, dass du älter wirst, wenn die Geburtstagskerzen mehr kosten als der Kuchen."
*Bob Hope (1903–2003), amerikanischer Komiker britischer Herkunft. Wurde 100 Jahre alt.*

„Es kommt nicht darauf an, wie alt man wird, sondern wie man alt wird."
*Prof. Ursula Lehr (\*1930) renommierte Altersforscherin und Bundesministerin a. D.*

„Aufs Geburtstagskind trink ich nun einen kräftigen Schluck, und darin eingeschlossen sind: Glückwunsch, Gruß und Händedruck."
*Unbekannt*

## Zitate für hohe Geburtstage

„Manchmal erschrecke ich, wie jung ich noch bin. Alter. Was ist Alter? Ist nicht jedes Alter ein Geschenk?"
*Ida Ehre (1900-1989) Schauspielerin und Ehrenbürgerin Hamburgs. Wurde 89 Jahre alt.*

„Das Alter ehr' ich, denn es hat für mich gelebt."
*Johann Wolfgang von Goethe (1749–1832). Vollendete mit 80 Jahren noch sein größtes Werk, den Faust.*

„Das Alter hat zwei große Vorteile: Die Zähne tun nicht mehr weh und man hört nicht mehr all das dumme Zeug, das ringsum gesagt wird."
*George Bernard Shaw (1856–1950), Literaturnobelpreisträger. Der irische Dramatiker wurde 94 Jahre alt.*

„Kraft und Wohlgestalt sind Vorzüge der Jugend, der des Alters aber ist Blüte der Besonnenheit."
*Demokrit (ca. 460–360 v. Chr.), griechischer Naturphilosoph*

„Welche Freude, wenn es heißt: Alter, du bist alt an Haaren, blühend aber ist dein Geist."
*Gotthold Ephraim Lessing (1729–1781), deutscher Dichter*

„Besser ist's, man hat in der Jugend zu kämpfen als im Alter."
*Gottfried Keller (1819–1890), Schweizer Schriftsteller*

Ein betagter ungarischer Baron, nach seinem Alter befragt: „Weiß nicht genau. Zähl meine Pferde, meine Stiefel, mein Geld. Wozu soll ich zählen meine Jahre? Stiehlt mir niemand."
*Unbekannt*

## Zitate mit Charme

„Alter schützt vor Liebe nicht, aber Liebe schützt manchmal vor Alter."
*Gabrielle Bonheur „Coco"Chanel (1883–1971), französische Modeschöpferin*

„Raten Sie, wie alt ich bin!" verlangte eine Dame. Der Ge-
fragte zögerte. „Das ist schwer. Beurteile ich Sie nach Ihrer
Schönheit, so mache ich Sie um zehn Jahre jünger, und halte
ich mich an Ihre Klugheit, zehn Jahre zu alt."
*Unbekannt*

# Reime

Lebe! Liebe! Lache! Auf diese Weise mache
dein neues Jahr zu einem Fest,
das dich dein Leben feiern lässt.
Es soll das neue Lebensjahr
noch besser sein wie's alte war.

Ich wünsche dir zum Wiegenfeste
von ganzem Herzen alles Beste
und außerdem – das ist ganz klar:
Ein schönes neues Lebensjahr!

Bleibe fröhlich, frisch
und munter wie ein Fisch –
feire schön und sei recht heiter
und vergesse nie: die Welt, sie dreht sich weiter.

Leider trifft mein Gruß verspätet ein.
So soll er umso mehr von Herzen sein:
Möge, was Verstand und Herz auch plant,
noch viel schöner glücken als geahnt!

# Weihnachten und Neujahr

Die persönliche Weihnachtspost ist eine wunderschöne Tradition – und bei Geschäftspartnern und wichtigen Kunden ein Muss. Hier gilt: Formulieren Sie Ihre guten Wünsche zu Weihnachten und zum neuen Jahr mit viel Gefühl und Optimismus.

Im folgenden Kapitel finden Sie Muster für

- Grüße an Verwandte, Freunde und Bekannte,
- an Kollegen und Geschäftspartner,
- kurze Ansprachen auf Weihnachtsfeiern und Neujahrsempfängen.

# Gute Wünsche an Verwandte, Freunde und Bekannte

Die Weihnachtszeit ist eine Zeit der besonders herzlichen Glückwunsche. Gefühlvolle Wörter wie „Liebe", „von Herzen", „innig", „besinnlich", „herzlich" dürfen im Glückwunschtext nicht fehlen. Neujahrsgrüße sollten Sie weniger emotional färben und stattdessen locker und optimistisch ins neue Jahr schauen.

## Kurze Weihnachts- und Silvestergrüße

### Beispiele: Feierlich

▪ Wenn der Schnee draußen leise rieselt und die Kerzen am festlich geschmückten Baum leuchten, dann wissen wir: Die schönste Zeit des Jahres ist wieder da. Genießt diese wundervollen Augenblicke mit all euren Lieben! Wir wünschen euch ein frohes Fest, eure Familie Gerber!

▪ Als kleiner Junge wurde ich immer fröhlicher, je mehr Kerzen am Adventskranz brannten. Denn ich wusste: Mit jeder brennenden Kerze rückt der Heilige Abend näher. Wie schön ist es doch heute für uns, wenn unsere kleinen Kinder große Augen machen, wenn sie vor dem Christbaum stehen! Viele schöne Festtage im Kreis der Familie und eine besinnliche und erholsame Zeit, wünscht euch ...

### Beispiele: Humorvoll

▪ Es weihnachtet sehr! Wenn es jetzt bald draußen friert und schneit, leg zu Hause die Füße hoch, betrachte deinen hoffentlich nicht brennenden Weihnachtsbaum und genieß die besinnliche Zeit der gemütlichen Wärme (auch wenn's nur die Zentralheizung statt eines Kamins ist)! Fröhliche Weihnachten und einen sturzfreien Start ins neue Jahr wünschen dir ...

▪ Ich wünsche euch schöne Festtage, ein wenig Abstand vom Alltagsstress und einen gelungenen Braten. Rutscht gut ins neue Jahr! Hals und Beinbruch für ein tolles neues Jahr! Mit den herzlichsten guten Wünschen, euer ...

▪ Jetzt kommt wieder die schlimmste Zeit des Jahres! Versuchungen überall, egal, wohin man schaut. Dicke Lebkuchen, Berge von Schokolade, zentnerschwere Festtagsbraten ... Doch vergiss einfach mal für einen Moment deine Diät und genieß die Feiertage in aller Ruhe! Gönn dir was, denn du hast es verdient. Ich wünsche dir ein frohes Fest, dein ...

### Beispiele: Gute Vorsätze und Herausforderungen

▪ Wie heißt es so schön: Es gibt bereits alle guten Vorsätze, wir brauchen sie nur noch zu verwirklichen. Ich wünsche uns beiden, dass wir uns endlich wieder öfter sehen. Schöne Feiertage und alles Gute fürs neue Jahr wünscht dir, ...

▪ Ich wünsche dir, dass das neue Jahr dein bestes Jahr aller Zeiten wird! Du hast einige Herausforderungen zu bestehen, und dafür wünsche ich dir von Herzen viel Glück!

▪ Weniger rauchen, mehr Sport treiben, abnehmen ... was es da nicht alles gibt! Aber, meine Liebe, du brauchst das alles gar nicht. Denn du bist auch mit deinen liebenswerten Lastern meine allerbeste Freundin! Ein frohes neues Jahr!

- Ich weiß zwar nicht, was genau du dir fürs neue Jahr vorgenommen hast, aber ein guter Vorsatz wäre vielleicht, einen guten Vorsatz auch mal einzuhalten. Wenn du das schaffst, sag mir bitte, wie das geht! Mit den besten Wünschen für das neue Jahr, dein ...

# Grüße an Kollegen und Geschäftspartner

Hier ist wichtig: Nicht zu forsch oder kühl formulieren. Auch in geschäftlichen Briefen dürfen an Weihnachten Wörter wie „besinnlich", „herzlich" oder „friedlich" nicht fehlen. Bei Wünschen für das neue Jahr können Sie auf eine weiterhin erfolgreiche Zukunft hinweisen, die Ihr Geschäftspartner, Mitarbeiter, Kunde oder Kollege mit Ihnen gemeinsam haben möge.

## Kurze Weihnachts- und Silvestergrüße

„Frohe Weihnachten und ein gutes neues Jahr" genügen, doch es wirkt herzlicher und persönlicher, noch ein paar Zeilen mehr zu schreiben.

### Vertraute Adressaten

- Nun haben wir endlich die Gelegenheit, uns etwas zu erholen. Deshalb wünsche ich dir ganz herzlich ein paar stressfreie, friedliche Weihnachtstage und einen guten Start ins neue Jahr! Herzlichst, ...

- Weihnachten ist die Zeit, wo man zur Ruhe kommen und sich auf das besinnen soll, was am Wichtigsten ist. Daher wünsche ich dir aus tiefstem Herzen: festlich-fröhlichfriedliche Weihnachten mit allen deinen Lieben!

- Endlich mal ein wenig Ruhe vom täglichen Alltagsstress! Leg die Füße hoch und lass dich mal zur Abwechslung bedienen. Beste Wünsche für das Weihnachtsfest und einen guten Rutsch! Dein Lauftreff-Mitläufer Matthias

## Etwas förmlicher

- Ganz besonders wünsche ich Ihnen für die kommenden Feiertage wohlverdiente Erholung und eine festliche Zeit im Familienkreis! Mögen Sie im kommenden Jahr beruflich und privat erfolgreich sein und möge alles in Erfüllung gehen, das auf Ihrem Wunschzettel steht. Weihnachtliche Grüße, Ihr ...

- Lange haben wir überlegt, was man Ihnen zu Weihnachten und für das kommende Jahr wünschen kann, denn Sie haben ja schon alles: Jede Menge Erfolg, eine unerschütterliche Gesundheit und märchenhaftes Glück! Also wünschen wir Ihnen einfach ein paar ruhige Tage im Kreise der Familie und einen guten Rutsch ins neue Jahr. Ihre Mitarbeiter

- Nach all den hervorragenden Leistungen in diesem Jahr wünschen wir Ihnen nun im Namen der gesamten Belegschaft möglichst wenig Stress in den kommenden Wochen, aber trotzdem tolle Umsätze – und einen fulminanten Start ins neue Jahr! Braun & Köhler

## Grüße mit Rückblick, Dank für die Zusammenarbeit und Ausblick

■ Sehr geehrter Herr Müller, wir danken Ihnen für die angenehme Zusammenarbeit in diesem Jahr und hoffen, Sie auch im kommenden Jahr wieder als starken Partner in unserem Hause begrüßen zu dürfen. Mit den besten Wünschen für ein gelungenes Weihnachtsfest und einen guten Start ins neue Jahr verbleiben wir ...

■ Geschätzte Frau Korn, wir wünschen Ihnen ein frohes Weihnachtsfest und einen guten Start ins neue Jahr. Möge es Ihnen ebenso viel Erfolg bringen wie das Vergangene! Wir danken Ihnen für die gewinnbringende Zusammenarbeit und hoffen, dass uns der gemeinsame Erfolg auch im nächsten Jahr beschieden sein wird. Mit freundlichen Grüßen ...

■ Heitere, besinnliche und sinnliche Stunden im Kreise Ihrer Lieben wünschen wir Ihnen an Weihnachten – und ein wunderschönes 2013 Wir freuen uns auf eine weiterhin erfolgreiche Zusammenarbeit im kommenden Jahr. Mit besten Festtagsgrüßen ...

■ Sehr geehrter Herr Dohmen, wir wünschen Ihnen ein frohes Fest! Gern werden wir auch im nächsten Jahr unsere fachliche Kompetenz und unsere Leistungen Ihren Wünschen gemäß einsetzen und freuen uns auf eine weitere angenehme Zusammenarbeit. Frohe Weihnachten und einen guten Rutsch!

# Kurze Ansprachen

Ein Dankeschön an die Mitarbeiter und ein paar Worte zum festlichen Anlass wecken Emotionen. Ob das Geschäftsjahr gut oder schlecht war, zu Weihnachten zählen Gefühle mehr als Fakten: Thematisieren Sie sinnliche Eindrücke, die zu den schönen Seiten des Weihnachtsfests gehören. Loben Sie positive Entwicklungen in einem kurzen Jahresrückblick. Optimismus macht für gute Vorsätze zum neuen Jahr bereit.

## Weihnachtsfeier

▪ Sehr verehrte Damen! Sehr geehrte Herren! Liebe Kollegen – liebe Ehemaligen – liebe Gäste! Ich begrüße Sie und Euch ganz herzlich zu unserer Weihnachtsfeier! Herzlich willkommen! Wir haben ein insgesamt erfolgreiches Jahr erlebt, das jetzt zu Ende geht, aber ich denke, der Erfolg wird bestehen bleiben! Liebe Kollegen, jeder einzelne von Ihnen hat dazu beigetragen, dass wir jetzt glücklich und zufrieden auf unser altes Geschäftsjahr blicken dürfen und zuversichtlich aufs nächste! Dafür, für diesen Erfolg aufgrund Ihrer hervorragenden Arbeit, danke ich jedem von Ihnen!

Unsere Weihnachtsfeier gibt uns aber auch Gelegenheit, den Geschäftszahlen und der Alltagshektik für ein paar schöne Stunden zu entrinnen. Ich meine, wenn wir ehrlich sind, dann sehnen wir uns doch danach, wie in Kindertagen den Zauber der Weihnachtszeit zu erleben: Wie wir gespannt und hoffnungsfroh auf die Bescherung warteten ...

... Selbst die „stillsten Tage des Jahres" haben sich schon lange in ein lärmendes Weihnachtsgeschäft und Tage voller

Termine zwischen den Jahren verwandelt. Dem können wir uns kaum entziehen. Jedes Jahr nehmen wir uns neu vor, dass wir uns am nächsten Weihnachten nicht von diesem Trubel beeindrucken lassen. Aber jedes Jahr stellen wir wieder fest: Die ersehnte Ruhe und Besinnlichkeit fehlt. Auch in unserer Firma geht das Geschäftsleben bis zum letzten Tag vor Weihnachten seinen notwendigen Gang. Wie könnten wir auch im Büro, im Außendienst oder an der Werkbank beim flackernden Schein einer Kerze arbeiten und die Adventsstimmung genießen?

Deswegen, liebe Kollegen, genießen Sie das Miteinander und die guten alten Traditionen in der Familie. Und genießen Sie die gute Stimmung hier bei unserer Weihnachtsfeier. In diesem Sinne wünsche ich Ihnen und Ihren Familien ein frohes, glückliches und gesegnetes Weihnachtsfest!

## Neujahrsempfang

■ Sehr verehrte Damen, sehr geehrte Herren – liebe Gäste! Vielleicht haben Sie schon einmal von dieser interessanten Neujahrstradition gehört, die in früheren Zeiten bei uns praktiziert wurde. Unsere Vorfahren machten morgens in aller Herrgottsfrühe die Tür auf, zogen sich einen Schuh aus – und warfen ihn zur Tür hinaus. Dann schauten sie sich den Schuh an, um in die Zukunft zu schauen. Zeigte der Schuh mit der Spitze zur Tür, also ins Haus herein, so konnte man bleiben – zeigte er aber vom Haus weg, so musste man fort. Also, liebe Gäste, auch wir wollen heute gemeinsam in die Zukunft schauen, aber ich versichere Ihnen: Sie müssen nicht mit Ihren Schuhen werfen – eins ist schon klar: Sie können auf jeden Fall hier bleiben! Ich bin sehr froh, dass Sie gekommen sind – und heiße Sie von Herzen willkommen bei unserem Neujahrsempfang!

■ Verehrte Gäste, der Schriftsteller und Aphoristiker Gabriel Laub hat einmal gesagt – ich zitiere: „Das Neujahr und seine Feier ist so was wie eine Theaterpause – man geht ans Buffet auf ein Gläschen und kommt auf seinen Platz zurück. Die Optimisten hoffen dabei, dass der nächste Akt besser sein wird als die vorigen." Nun, ich denke, der letzte Akt, das letzte Jahr, war gar nicht so schlecht und Optimisten wollen wir alle sein: Freuen wir uns also auf das neue Jahr! Und dafür gibt es heute leckeren Sekt, feines Essen, exzellente Gespräche – und sehr gute Gäste.

Aber apropos Sekt, liebe Gäste: Lassen Sie uns nun endlich unsere Gläser erheben! Ich wünsche uns allen jetzt einen inspirierenden Gedankenaustausch, und ich wünsche Ihnen und Ihren Familien ein gesundes, glückliches und erfolgreiches neues Jahr – danke, dass Sie gekommen sind – und nun stoßen wir an – auf den nächsten Akt, auf das neue Jahr! Prosit!

# Zitate, Geschichten und Reime

Zitate und Reime steigern an Weihnachten die festliche Stimmung und regen zum Nachdenken an.

## Zitate mit Bezug zur Kindheit

„Meine Großmutter hat mir so lange eingeredet, das Christkind sei ein Engel mit langem weißen Haar, bis ich mir ganz sicher war, dass es einmal an meinem Fenster vorbei geflogen ist."
*Rainhard Fendrich (\*1955), österreichischer Liedermacher*

„Wie leide ich vor Sehnsucht! Wäre es doch Weihnachten."
*Hans Christian Andersen (1805–1875), dänischer Dichter*

## Zitate zum Thema Frieden und Nächstenliebe

„Mein sehnlichster Weihnachtswunsch: Kain und Abel würden einen Nichtangriffspakt schließen und alle Menschen wären Brüder."
*Marianne Sägebrecht, geboren 1945, deutsche Schauspielerin und Kabarettistin*

Wenn die Weihnachtsglocken läuten, wird selbst der Teufel milde.
*Sprichwort aus Tirol*

„Ein Fest naht, ein Fest wie kein anderes, für alle, die guten Willens sind. Ein Fest, dessen Geist die Welt umspannt und

über Berge und Täler die Botschaft verkündet: Christ ist geboren."
*Joachim Ringelnatz (1883–1934), deutscher Lyriker und Maler*

„Was wir an Weihnachten feiern, ist alles andere als eine Idylle. Die Krippe, die wir längst in unsere warmen Stuben geholt haben, stand bekanntlich im Stall. Niemand war da, der der schwangeren Frau und dem jungen Mann aus Nazareth in Galiläa menschenwürdige Bleibe zu geben bereit war. Kaum war das Kind zur Welt gekommen, musste die junge Familie fliehen, weil Herodes, der machtbesessene Herrscher, dem Kind Jesus nach dem Leben trachtete. Flüchtlinge waren sie, politisch Verfolgte, Asylsuchende."
*Kardinal Walter Kasper (\*1933), deutscher Bischof von Rottenburg-Stuttgart, Präsident des Päpstlichen Rates zur Förderung der Einheit der Christen*

## Weihnachtsgeschichte

Der Schriftsteller Truman Capote erinnert sich in einer hübschen Weihnachtsgeschichte an seine Kindheit:
Als Scheidungswaise wächst der Junge in Alabama auf, in einem großen Haus auf dem Land. Mit Tanten und Onkeln, Vettern und Cousinen. Besonders lieb ist ihm eine ältere, weißhaarige Cousine, der ruhende Pol in seinem aufregenden Jungenleben: Fräulein Sook. Fräulein Sook ist von einer tiefen, heiteren, urtümlichen Frömmigkeit, fast wie ein großes Kind. „Alles, was geschieht" – so ihre stehende Redewendung – „ist des Herrn Wille." Sook ist es auch, die dem Jungen vom Weihnachtsmann erzählt: „... von seinem wallenden Bart,

seinem roten Mantel, seinem klingenden, mit Geschenken beladenen Schlitten." Aus der vertrauten Kinderwelt wird er herausgerissen: Sein Vater wünscht, er solle Weihnachten bei ihm in New Orleans verbringen, über fünfhundert Meilen entfernt. Eine Schreckensnachricht. Denn der Vater ist ihm ganz fremd geblieben. Der Junge will nicht. Und dann die Weihnacht.

Da beobachtet der Kleine den Vater heimlich, wie er in der Nacht Päckchen unter dem Baum arrangiert – der Vater also! Das Ende des Traums. Der Abschied vom Vater ist kühl. Zu Hause in Alabama, beim Schlafengehen, im dunklen Zimmer erzählt er Sook alles. Sie tröstet ihn: Natürlich gibt es den Weihnachtsmann. Er ist nur sehr überlastet und deshalb hat der Herr die Aufgabe auf uns alle verteilt.

*Truman Capote (1924–1984), amerikanischer Schriftsteller*

## Reime zu Weihnachten

O Weihnacht! Weihnacht! Höchste Feier!
Wir fassen ihre Wonne nicht.
Sie hüllt in ihre heil'gen Schleier
das seligste Geheimnis dicht.
*Nikolaus Lenau (1802–1850), österreichischer Schriftsteller*

Die Heiligen drei Könige aus Morgenland,
Sie frugen in jedem Städtchen:
„Wo geht der Weg nach Bethlehem,
Ihr lieben Buben und Mädchen?"
*Heinrich Heine (1797–1856), deutscher Dichter und Erzähler*

# Zitate zu Neujahr

„Das Neujahr und seine Feier ist so was wie eine Theaterpause – man geht ans Buffet auf ein Gläschen und kommt auf seinen Platz zurück. Die Optimisten hoffen dabei, dass der nächste Akt besser sein wird als die vorigen."
*Gabriel Laub (1928–1998), polnisch-deutscher Schriftsteller*

„Es gibt bereits alle guten Vorsätze, wir brauchen sie nur noch anzuwenden."
*Blaise Pascal (1623–1662), französischer Mathematiker und Philosoph*

# Reime zu Neujahr

„Wird's besser? Wird's schlimmer?"
fragt man alljährlich.
Seien wir ehrlich:
Leben ist immer lebensgefährlich.
*Erich Kästner (1899–1974), deutscher Schriftsteller*

Ein Rauch verweht,
ein Wasser verrinnt,
eine Zeit vergeht,
eine neue beginnt.
*Joachim Ringelnatz (1883–1934), deutscher Lyriker und Erzähler*

# Eine Neujahrsgeschichte über die Freundschaft

Es war an der Zeit, das Neujahrsfest vorzubereiten. Der König wies seine Leute an: „Ich möchte, dass es ein wirklich königliches Fest wird. Die Gästeliste soll überquellen von illustren Persönlichkeiten. Die Tische sollen sich biegen unter Delikatessen, und der Wein soll aus erlesenen Trauben und besten Jahrgängen bestehen." Die Mitarbeiter schwärmten aus und brachten aus allen Landesteilen nur das Köstlichste. Aber der König war nicht zufrieden zu stellen. „Im letzten Jahr habe ich ein durch nichts zu überbietendes Fest gegeben.

„Aber die ganze Stadt sprach nur von dem Fest bei Ramun, dem Maler. Da wurde getrunken und gelacht die ganze Nacht bis zum Nachmittag des nächsten Tages. Im Jahr davor war es dasselbe. Ebenso im Jahr davor und davor. Einmal muss es mir doch gelingen, diesen Wurm zu übertrumpfen, denn ich, ich bin der König." Einer der Mitarbeiter, ein kluger Mann, verneigte sich tief und fragte: „Mein König, habt Ihr je mit dem Maler gesprochen? Es muss doch einen Grund geben, warum die Leute sein Fest so lieben, obwohl sie in schäbiger Hütte ihre mitgebrachten Happen essen und den billigsten Wein trinken müssen." Der König nickte stumm und sagte: Gut, schafft mir diesen Ramun heran. Und so geschah es. „Warum lieben die Menschen so dein Neujahrsfest?" fragte der König. Worauf der Maler: „Wir sind Freunde und brauchen einander – aber mehr brauchen wir nicht. Deshalb sind wir reich."

*Unbekannt*

# Wenn sich zwei gefunden haben

Die Hochzeit und ihre Jubiläen sind die schönsten Anlässe für Glückwünsche. Da darf man schon mal sehr feierlich werden und in manchen Fällen aus der Bibel zitieren, vor allem, wenn kirchlich geheiratet wird.

In diesem Kapitel lesen Sie, wie Sie gratulieren,

- wenn Ihre eigenen Kinder heiraten,
- wenn Sie als Eltern oder Freund eine kurze Ansprachen halten,
- wenn Mitarbeiter oder Kollegen heiraten und
- wenn die Silberhochzeit oder andere Ehejubiläen anstehen.

# Alles Gute zur Hochzeit

Phantasievolle Glückwünsche erfreuen das Brautpaar mehr und bleiben länger in Erinnerung als förmliche Standardfloskeln. Für den Bund der Ehe gibt es sehr viele schöne Symbole und wirkungsvolle Bilder. Bei Ihrer Wahl des Leitmotivs für einen längeren Glückwunsch oder eine Rede sollten Sie bedenken, wie lange sich das Brautpaar schon kennt. Und ob Sie dem Brautpaar nahe stehen oder nur entfernt bekannt sind, eines gilt immer: Gratulieren Sie nicht nur, sondern wünschen Sie auch Glück und eine lange Ehe.

## Wenn die Kinder heiraten

Auch beim eigenen Kind gebietet die Höflichkeit einen schriftlichen Glückwunsch, der aber kurz sein darf. Längere Glückwünsche überbringen Sie in Ihrer Hochzeitsrede, insbesondere als Vater der Braut.

### Glückwünsche für Hochzeitskarten

**Beispiele: Thema Liebe**

- Ihr wisst ja, Eltern wünschen sich für ihre Kinder nur das Beste. Wir sind froh darüber, dass ihr es gefunden habt! Wir gratulieren euch von ganzem Herzen und wünschen euch ewige Liebe zueinander!

- Goethe schrieb einmal: „Wo ich Liebe sehe, ist mir immer, als wäre ich im Himmel." Ich sehe die Liebe bei euch schon seit vielen Jahren und das macht mich glücklich. Ich bin froh, dass ihr eure Liebe nun noch fester gestärkt und einen Bund fürs Leben geschmiedet habt – möget ihr immer auf Wolke 7 schweben und eine himmlisch schöne Ehe leben!

### Beispiele: Glückwunsch mit Geldgeschenk

▪ Unsere Glückwunschkarte ist zwar keine Kreditkarte, aber ein bisschen Bares bekommt ihr doch, denn nur von Luft und Liebe kann ja niemand leben. Wenn das Geld knapp wird oder wenn euch etwas auf der Seele liegt: Eure Eltern sind immer für euch da. Von Herzen alles Gute zur Hochzeit!

▪ Natürlich wissen wir, dass Geld für euch im Moment das Unwichtigste auf der Welt ist, nachdem ihr euch das Ja-Wort fürs Leben gegeben habt, aber eine kleine Finanzspritze kann ja niemals schaden. Wir halten es für eine gute Investition! Denn wenn euer gemeinsamer Aktienkurs steigt, haben auch wir viel Freude daran. In diesem Sinne gratulieren wir euch ganz herzlich zu eurer Hochzeit und wünschen euch ein langes, glückliches Leben in Zweisamkeit. Beate und Kai

## Kurze Hochzeitsreden

### Beispiel: Thema Liebe

▪ Liebes Brautpaar, liebe Familienmitglieder, liebe Freunde und Gäste! Nachdem sie die Zuneigung und Liebe zueinander bereits vor geraumer Zeit entdeckt haben und durch Amors Pfeil schon lange untrennbar miteinander verbunden sind, haben zwei junge Menschen den Mut aufgebracht, Ja zu sagen, in der Hoffnung, damit die Frau beziehungsweise den Mann fürs Leben gefunden zu haben. Diese gute Entscheidung freut uns alle! Wie es euch beiden, liebes Brautpaar, nun schon viele Jahre gelungen ist, den Alltag gemeinsam zu meistern, so wird es euch sicherlich auch als Ehepaar gelingen, Gemeinsamkeiten zu fördern und Unterschiede zu akzeptieren. Dadurch wird eure Ehe wie ein harmonischer Tanz auf den Wogen des Wassers sein.

Die Ehe ist wie ein Fluss mit vielen Biegungen. Es gibt ruhige Wasser und Stromschnellen. Durch Achtung voreinander, durch Vertrauen und Toleranz werdet ihr, liebes Brautpaar, in der Lage sein, die ruhigen Wasser und die Stromschnellen gemeinsam zu meistern, um eine lange und glückliche Partnerschaft zu führen. Dabei dürft ihr niemals das Reden miteinander vergessen oder gar verlernen. Aber apropos Reden – lasst mich zum Schluss kommen, und lasst uns alle unsere Gläser erheben! Wir stoßen an auf euch, liebes Brautpaar – auf eure Liebe – und auf eine glückliche Ehe: Prosit!

### Beispiel: Mit Zitat einleiten

▪ Liebe Gäste, die Dichterin Marie von Ebner-Eschenbach hat einmal gesagt – ich zitiere: „So weit die Erde Himmel sein kann, so weit ist sie es in einer glücklichen Ehe." Diesen Himmel auf Erden wünschen wir euch, liebe Eva, lieber Axel – und den wichtigsten, den ersten Schritt hin zu diesem Himmel auf Erden habt ihr ja heute nun gemacht. Aber schon seit Jahren schwebt ihr zwei in himmlischen Gefilden – und das soll auch so bleiben! Aus Erfahrung weiß man zwar, dass das Leben auch mit dunklen Wolken und Widrigkeiten aufwarten kann. Doch das wisst ihr beide und Probleme können nur gemeinsam gemeistert werden. Auch Toleranz gegenüber den Eigenarten des anderen gehört zu den Eigenschaften, die man sich in einer Ehe unbedingt bewahren sollte.

Wir stoßen an, auf euch, liebe Eva, lieber Axel – wir wünschen euch den Himmel auf Erden – wir wünschen euch das große Glück einer glücklichen Ehe! Auf euch, auf eure Liebe – Prosit!

### Beispiel: Herzliche Begrüßung

▪ Liebe Eva, lieber Axel – liebe Freunde und Verwandte – sehr geehrte Hochzeitsgäste! Ich begrüße Sie und euch alle ganz herzlich! Wir erleben heute eine Traumhochzeit, die nicht nur dem Brautpaar lange in Erinnerung bleiben wird, sondern uns allen! Auch deshalb, weil wir sehr viele wunderbare Gäste haben. Unserer besonderer Willkommensgruß und unser Dankeschön gelten denen unter uns, die weite Wege gegangen sind, um heute mit uns zu feiern! Ich begrüße besonders herzlich meinen Cousin Hans und seine Anna. Sie sind über 600 Kilometer aus Hamburg angereist. Eine besonders lange Anreise hatten auch Tine und Tim aus Berlin! Herzlich willkommen!

Wir alle freuen uns von Herzen, dass ihr euch gefunden habt. Und ich freue mich besonders, meine Tochter in den Hafen der Ehe einfahren zu sehen. Auch im Namen meiner lieben Frau darf ich aber sagen: Wir verlieren keine Tochter – sondern wir gewinnen mit Axel ein Familienmitglied hinzu. Lieber Axel, ich heiße dich nun auch ganz offiziell herzlich willkommen in unserer Familie! Inoffiziell bist du für uns ja schon fast wie ein Sohn – du bist uns sehr ans Herz gewachsen, und wir freuen uns auf viele schöne weitere gemeinsame Stunden mit dir!

# Verwandte, Freunde und Bekannte gratulieren

Von locker-frech bis emotional und ernsthaft: Als Freund oder Bekannter können Sie ganz nach Gusto schreiben! Wenn Sie einen Strauß Blumen schicken, nutzen Sie die so genannte Blumensprache: Die meisten Blumen symbolisieren etwas – und das können Sie in Ihrem Glückwunschtext erklären.

## Glückwünsche für Karten

### Beispiele: Blumengrüße

- Ich sende euch beiden einen Strauß Hyazinthen: das Sinnbild für das jährliche Wiedererwachen in der Natur – und das Zeichen der Treue. Von Herzen alles Gute zur Hochzeit!

- Blumen sprechen die schönste Sprache der Welt. Diese weißen Lilien sagen euch: Nichts kann reiner und edler sein als eure Liebe! Haltet einander für die Ewigkeit fest, in stillem Vertrauen und unendlicher Liebe. Mit den besten Glückwünschen zu eurer Hochzeit, eure Freundin …

### Beispiele: Bilder und Wortspiele

- Nehmt meine Glückwunschkarte als Fahrkarte ins Glück! Das Ticket müsst ihr immer neu lösen, mit viel Geduld, Liebe und Ausdauer – aber das schafft ihr zwei schon, wie ich euch kenne. Alles Gute, von Herzen, …

- Ich weiß, für eure vollkommene Seligkeit bedarf es nun nur noch meiner Glückwünsche. Ich gratuliere euch von ganzem Herzen zu eurem „Ja, ich will". Ich wünsche euch, dass eure Liebe ewig hält. Herzlichen Glückwunsch zur Hochzeit!

- Jetzt habt ihr euch endlich getraut! Ich wünsche euch für euer Leben von Herzen Gesundheit, Glück und Freude mit der Liebe eures Lebens!

- Ihr seid nun eins, ihr beide, und wir sind mit euch eins. Wir, eure Freunde, wollen weiter mit Euch sein – denn was wären wir ohne euch? Bleibt uns erhalten – und alles Gute zu eurer Hochzeit!

- So, heute hat man euch also endlich in Ringe gelegt, für die Ewigkeit. Lebenslänglich! Wie ich euch kenne, akzeptiert ihr dieses Urteil mit großer Freude! Ihr werdet keinen Einspruch einlegen; wie ich euch kenne, würdet ihr euch sogar bei Wasser und Brot einkerkern lassen, solange ihr die Zelle miteinander teilen dürftet! Das ist die Kraft der Liebe. Ich gratuliere euch von ganzem Herzen zu eurer Hochzeit und wünsche euch nur das Beste!

## Beispiele: Geldgeschenke

- Alles Liebe zu eurer Hochzeit! Ich wünsche euch, dass ihr mindestens „Gold" gewinnt und die Goldhochzeit schafft! Aber apropos Gold, wie heißt das alte Sprichwort: „Hochzeitgehen ist ein' Ehr', macht den Beutel aber leer." Euch soll's nicht so gehen – deshalb die kleine Zuwendung für euren „Klingelbeutel"! Greift zu – es kommt von Herzen!

• Wie teuer eine Ehe doch sein kann: ein Haus, ein Auto, die Kinder ... Aber das soll euch jetzt noch nicht belasten. Wir stehen euch zur Seite – und ihr widmet euch einfach eurem jungen Glück. Wir gratulieren von ganzem Herzen zu eurem Ja-Wort und wünschen euch eine glückliche Zukunft.

## Kurze Hochzeitsrede

• Ihr wisst: Gemeinsam Freude erleben, fühlt sich an wie doppelte Freude – und somit erlaube ich mir, euch einen Wahlspruch für eure Zukunft mit auf den Weg zu geben: „Ein Mensch für sich allein ist nichts; zwei Menschen, die zusammen gehören, sind eine Welt!" Ich wünsche euch eine schöne und große gemeinsame Welt, denn jedes Jahr hat einen Frühling voller zärtlicher Ungeduld und einen Sommer voller Wachstum, einen Herbst mit stiller Reife und einen von erhabener Weisheit geprägten Winter.

Jedes Zusammenleben hat Sonnen- und Regentage. Eurer Ehe wünsche ich einen noch lange währenden Frühling und für den dann folgenden Sommer viele Sonnentage voller Wachstum und nur wenige Regentage. Dabei wünsche ich euch viel Kraft diese Tage zu meistern, damit euer „Ehesommer" eine dauerhafte Beziehung wachsen und gedeihen lässt. Dafür braucht ihr Beständigkeit, Mut, Liebe, Hoffnung, Kraft, Treue, Glaube und Ehrlichkeit. Alles Gute für eure Zukunft – und herzlichen Glückwunsch zur Hochzeit!

# Hochzeitswünsche von Vorgesetzten oder Kollegen

Werden Sie hier nicht zu persönlich. Statt an Anekdoten aus dem Arbeitsleben zu erinnern, bringen Sie lieber ein allgemeines Zitat einer anerkannten Autorität. Tabu sind gute Wünsche den möglichen Nachwuchs betreffend. Hier könnten Sie – bei Unfruchtbarkeit einer der Ehepartner – in ein sehr tiefes Fettnäpfchen treten.

## Glückwunschkarten vom Chef oder von der Chefin

**Beispiele: Wortspiele mit der Geschäftssprache**

▪ Heute haben Sie fusioniert und ich bin davon überzeugt, dass sich Ihre Allianz als höchst erfolgreich herausstellen wird! Ich wünsche Ihnen alles erdenklich Gute für die Zukunft – mit Liebe, Glück und Gesundheit an jedem Tag!

▪ Liebes Brautpaar, in meiner Branche sehe ich derart oft Meisterwerke vom Markt verschwinden, dass ich mich schon daran gewöhnt habe. Doch nun sind Sie, zwei sehr begehrte Meisterwerke, vom Hochzeitsmarkt verschwunden – daran wird sich mancher wohl kaum gewöhnen können! Sie beide dürfen sich äußerst glücklich schätzen, denn Sie haben den Zuschlag für einen Volltreffer erhalten! In diesem Sinne gratuliere ich zur Hochzeit und wünsche Ihnen eine erfolgreiche und glückliche Ehe.

▪ Sie haben in unserem Reisebüro den Menschen schon zahlreiche wunderbare Reisen vermittelt. Aber die beste Reise treten Sie nun selbst an. Denn, wie heißt es so richtig: „Die wichtigste Entdeckungsreise, die ein Mensch antreten kann, ist die Ehe." Auf dieser Tour brauchen Sie eine lange Puste, und manchmal vielleicht auch Steigeisen und Sauerstoffflasche. Aber spannend und schön wird die Reise in jedem Fall! Alles Gute für Ihre Ehe wünscht Ihnen ...

▪ Eine Firma zu leiten ist beinahe genauso wie eine Ehe zu führen und deshalb möchte ich Ihnen gern ein paar Insidertipps geben! Erstens: Hören Sie niemals auf, an sich selbst zu arbeiten, denn schließlich tun Sie es für das höchste aller Ziele. Geben Sie Ihrem Partner jeden Tag wieder neu das Gefühl, das Beste in Ihrem Leben zu sein. Und was am Wichtigsten ist: Behalten Sie den gemeinsamen Erfolg im Auge! Mit den herzlichsten Glückwünschen, Ihre ...

## Karten von Kollegen

### Beispiele: Glückwunsch mit Komplimenten

▪ Schon der alte Goethe hat erkannt: „Sonne kann nicht ohne Schein, Mensch nicht ohne Liebe sein." Ich freue mich für Sie, dass Sie Ihre zauberhafte Frau Gemahlin gefunden haben! Herzlichen Glückwunsch und alles Gute zur Hochzeit!

▪ Wir, deine Kollegen, gratulieren dir zum größten Erfolg in deiner Laufbahn: Du hast eine so charmante, schöne und herzensgute Frau gefunden, dass wir alle ganz neidisch sind! Trotzdem wünschen wir dir von Herzen alles Gute – und Hals- und Beinbruch für deine Ehe!

▪ Liebe Sabine, ich gratuliere dir von ganzem Herzen zu deiner Hochzeit und zu deinem Ehemann Tom! Ihr beide seid wirklich ein wunderschönes Paar und ich bin ganz sicher, dass euer Glück für die Ewigkeit ist, deine ...

**Beispiele: Etwas persönlicher, Glückwünsche mit Zitaten**

▪ Der Friedensnobelpreisträger Willy Brandt hat einmal geraten: „Hab' eine möglichst unempfindliche Haut – aber behalte ein möglichst empfindsames Herz." Genau das raten wir Ihnen – es ist das Erfolgsrezept jeder friedvollen, glücklichen Ehe. Diese wünschen wir Ihnen von Herzen!

▪ „Ein lediger Mensch lebt nur halb", sagte Mozart. Ich gratuliere Ihnen dazu, dass Sie jetzt nicht mehr halb, sondern ganz sind! Alles Gute, von Herzen, für Sie und Ihre Ehe!

▪ Alberto Sordi, ein italienischer Filmkomiker, hat einmal gesagt: „Die Ehe ist eine sehr gerechte Einrichtung! Die Frau muss jeden Tag Essen kochen und der Mann muss es jeden Tag essen." Nur ein Scherz, ihr Lieben! Sicher wird euch das Gericht Ehe ganz hervorragend munden und ihr werdet nie wieder etwas anderes zu euch nehmen wollen. Mit den besten Glückwünschen zur Hochzeit, eure Kollegin ...

# Silberne Hochzeit und andere Ehejubiläen

Ein Viertel oder gar ein halbes Jahrhundert Liebe ist eine große Feier wert, aber schon nach zwölfeinhalb Jahren darf gefeiert werden. Das nennt man dann „Petersilienhochzeit". Die diamantene Hochzeit mit 60 Jahren ist sehr selten und umso mehr ein Grund zum Gratulieren. „Jubelpaare" sind meistens nicht mehr die Jüngsten. Betonen Sie in Ihrer Gratulation gerade deshalb gute Wünsche für eine lange gemeinsame Zukunft. Generationsbedingt gehören ab der Goldhochzeit christliche Elemente in Ihren Glückwunsch: Wünschen Sie Gottes Segen oder verwenden Sie Zitate aus der Bibel. Kennt man das Jubelpaar gut, darf der Glückwunsch romantisch und verspielt sein.

# Glückwünsche von Familie und Freunden

## Karten und Briefe

### Beispiel: Petersilienhochzeit

■ Den Kriegern Athens war in Kampfzeiten der Genuss von Petersilie streng verboten, weil man glaubte, dass dieses Kraut sexuelle Energien aufbaut. Die Petersilie gilt schon seit Urzeiten als Aphrodisiakum. Kein Wunder, dass sie auch Bockskraut oder Stehsalat genannt wird. Auch so gesehen lohnt es sich sicherlich, Petersilienhochzeit zu feiern. Dazu sende ich euch meinen herzlichen Glückwunsch und wünsche euch, dass ihr allzeit in Frieden miteinander weiterlebt!

### Beispiele: Von silbern bis diamanten

■ Ein Vierteljahrhundert ist es her, da standet ihr vor dem Altar und habt euch das Ja-Wort gegeben. Doch auch nach so vielen Jahren kann man sehen, dass ihr euch noch liebt wie am ersten Tag! Ich gratuliere euch daher von Herzen zu eurer Silberhochzeit!

▪ Zweimal 25 Jahre der Liebe, das macht ein halbes Jahrhundert Liebe! Ich wünsche euch: Macht die Hundert voll! Auch für die nächsten zweimal 25 Jahre: viel Glück, Freude und Liebe! Ich gratuliere euch ganz herzlich zur Silberhochzeit.

▪ Liebes Goldpärchen! Die vergangenen 50 Jahre waren nicht für alle Menschen so schön wie für euch: Ihr habt Goldene Zeiten erlebt – denn ihr habt ein halbes Jahrhundert Liebe erlebt! Dazu gratuliere ich euch von Herzen, und wünsche euch noch viele goldene Jahre in trauter Zweisamkeit – mit Gottes Segen.

▪ Was Gott zusammengeführt hat, das soll der Mensch nicht trennen, so heißt es – und daran habt ihr euch seit 25 Jahren ja auch gehalten. Dazu gratuliere ich euch ganz herzlich!

▪ „Lasset uns nicht lieben mit Worten, sondern mit der Tat und mit der Wahrheit." Das steht schon in der Bibel – und ihr beide folgt diesem göttlichen Ratschlag nun bereits seit sechzig Jahren. Mit Tatkraft und Wahrhaftigkeit pflegt und hegt ihr eure Liebe. Meinen herzlichen Glückwunsch zur diamantenen Hochzeit und noch viele gesunde und glückliche Jahre!

## Kurze Ansprache

Goldene Zeiten, eine Hymne auf die unvergängliche Liebe, Kompliment und Dank – all das zählt zu den Elementen einer Rede zum Hochzeitsjubiläum.

### Beispiel: Zahlenspiel mit 50 Jahren

■ Liebe Mama, lieber Papa! Wenn ich eure gemeinsame Reise durch ein halbes Jahrhundert, wenn ich eure gemeinsamen 50 Jahre ganz kurz zusammenfassen sollte – dann denke ich an ein Wort von Wilhelm Busch, der einmal sagte – ich zitiere: „Die Summe unseres Lebens sind die Stunden, wo wir lieben."

Bei euch, liebe Eltern, lässt sich eine Zwischensumme also leicht ausrechnen. 876.000 Stunden lautet das Ergebnis. Zweimal fünfzig Jahre eurer Liebe – das macht ein ganzes Jahrhundert Liebe, das sind 876.000 Stunden, rund 52 Millionen Momente, 52 Millionen Augenblicke der Liebe!

Also, das ist ganz sicher eine Feier wert! Denn eure Stunden waren wirklich Stunden der Liebe. Wer euch kennt, weiß das. Liebe Mama, lieber Papa, genießt weiter noch viele Stunden eurer Liebe! Und ich meine, darauf können wir jetzt auch mal alle anstoßen! Auf euch, liebe Eltern! Auf eure Liebe – auf eure Gesundheit – auf euer Wohl – und von Herzen: Alles Gute, Gottes Segen und ganz herzlichen Glückwunsch zur goldenen Hochzeit! Auf euch – Prosit!

### Beispiel: Zitat und Dank an die Eltern

■ „Die Summe unseres Lebens sind die Stunden, wo wir lieben." Nun, beinahe hätte Wilhelm Busch seinen schönen Satz gar nicht aufschreiben können. Denn als er 23 Jahre alt wurde, erkrankte er an Typhus. Er kehrte zurück in sein Elternhaus – seine Eltern nahmen ihn auf und pflegten ihn wieder gesund.

Liebe Mama, lieber Papa – auch ich danke euch für eure Hilfe. Liebe Gäste, wenn man mich fragt: „Wo und wann und wie haben dir deine Eltern denn geholfen?" Dann kann ich die Antwort mit einem Wort sagen: immer. Meine Eltern haben mir immer geholfen, wenn ich sie gebraucht habe, weil meine Eltern nicht nur sich von Herzen lieben, sondern auch mich, ihr Kind. Liebe Mama, lieber Papa, ihr habt immer zu mir gehalten – und dafür sage ich heute auch mal ganz offiziell: Dankeschön.

Als kleines Zeichen meines großen Danks möchte ich euch heute eine Reise schenken. Wohin die Reise geht, das dürft ihr selbst entscheiden! Aber ich schenke euch die Reise in der Hoffnung und mit dem Wunsch, dass eure und unsere gemeinsame Reise durch das Leben noch lange weitergeht!

# Vorgesetzte und Kollegen senden Glückwünsche

Bei dieser Glückwunschart kommt es besonders darauf an, dass Sie Ihr persönliches Verhältnis zum Jubelpaar berücksichtigen. Wie nahe steht Ihnen der Mitarbeiter oder die Mitarbeiterin? Haben Sie seine Frau oder ihren Mann schon einmal persönlich kennen gelernt? Wenn Sie den Mitarbeiter nicht gut kennen, und nicht wissen, wie seine Frau heißt, sollten Sie Ihren Glückwunsch eher formell und allgemein formulieren, damit Sie sich nicht anbiedern.

## Glückwunschkarten von Kollegen und Vorgesetzten

■ Sie und Ihre Frau sind nun schon seit 25 Jahren verheiratet – und das ist in der heutigen Zeit wahrlich keine Selbstverständlichkeit mehr. Ich gratuliere Ihnen ganz herzlich zu Ihrer Silberhochzeit und wünsche Ihnen für den weiteren Lebensweg als Ehepaar alles erdenklich Gute!

■ Zu Ihrer silbernen Hochzeit gratuliere ich Ihnen recht herzlich und wünsche Ihnen auf dem gemeinsamen Weg zur goldenen Hochzeit, dass Ihre Liebe so jung und gesund bleibt wie am heutigen Tag!

■ In Ost-Westfalen ist es üblich, dem Brautpaar zur Petersilienhochzeit Sträuße aus dieser Pflanze zu überreichen und das Haus damit zu dekorieren. Ich persönlich bevorzuge eher die klassische Variante des Gratulierens. Herzlichen Glückwunsch zur Petersilienhochzeit und alles Gute für die nächsten 12 ½ Jahre! Ihr …

■ Die Hälfte habt ihr schon geschafft! Noch mal so viel, dann ist die Silberhochzeit da und ich bin sicher, ihr beide spürt schon, wie schnell die Zeit vergeht. Ich gratuliere euch von ganzem Herzen zu 12 ½ Jahren glücklicher Zweisamkeit und wünsche euch, dass noch sehr viele Jahrzehnte folgen werden und dass ihr auch zur goldenen Hochzeit noch ebenso gern feiert wie heute!

# Zitate für Paare

## Romantische Zitate

„Ein lediger Mensch lebt nur halb."
*Wolfgang Amadeus Mozart (1756–1791), österreichischer Komponist*

„Geliebt sein heißt: aufbrennen. Lieben ist: leuchten mit unerschöpflichem Öle."
*Rainer Maria Rilke (1875–1926), österreichischer Schriftsteller*

„Die Seele kann nicht leben ohne Liebe, sie muss etwas lieben, sie ist aus Liebe geschaffen."
*Heilige Katharina von Siena (1347–1380), Schutzpatronin Europas*

„Welch ein Glück, geliebt zu werden! Und lieben – Götter – welch ein Glück!"
*Johann Wolfgang von Goethe (1749–1832)*

„Bis zum Meer für einen Bruder. Durch das Meer für eine Geliebte."
*Unbekannt*

„Denn das Glück, geliebt zu werden, ist das höchste Glück auf Erden."
*Johann Gottfried von Herder (1744–1803), deutscher Dichter und Philosoph*

„Den Sinn erhält das Leben einzig durch die Liebe. Das heißt: Je mehr wir zu lieben und uns hinzugeben fähig sind, desto sinnvoller wird unser Leben."
*Hermann Hesse (1877–1962), deutscher Dichter, 1946 Nobelpreisträger für Literatur.*

## Humorvolle Zitate

„Eine glückliche Ehe ist die, in der sie ein bisschen blind und er ein bisschen taub ist."
*Loriot (1923–2011), deutscher Cartoonist, Regisseur und Schauspieler*

„Die Natur der Dinge ist so eingerichtet, dass die Frauen immer Recht behalten."
*Friedrich Nietzsche (1844–1900), deutscher Philosoph*

„Richtig verheiratet ist der Mann, der jedes Wort versteht, das seine Frau nicht gesagt hat."
*Alfred Hitchcock (1899–1980), britischer Filmregisseur*

„Hochzeitgehen ist ein' Ehr', macht den Beutel aber leer."
*Deutsches Sprichwort*

„Warum haben die Segelboote alle Namen von Frauen?" fragt der Sohn. „Teure Takelage", antwortet der Vater, „und schwer zu steuern."
*Unbekannt*

„Der Mensch will brutto geliebt werden, nicht netto."
*Friedrich Hebbel (1813–63), deutscher Dichter*

„Der Unterschied in der Liebe zwischen Mann und Frau besteht darin, dass der Mann das Auto liebt, die Frau den Parkplatz."
*Jean-Paul Belmondo (\*1933), französischer Filmschauspieler*

## Besinnliche Zitate

„Der Mensch kann nicht bestehen, ohne etwas anzubeten."
*Fjodor Michailowitsch Dostojewskij (1821–1881), russischer Romanautor*

„Hab' eine möglichst unempfindliche Haut – aber behalte ein möglichst empfindsames Herz."
*Willy Brandt (1913–1992), deutscher Politiker und Friedensnobelpreisträger*

„Ich glaube nicht, dass eine völlige Gleichheit in Temperamenten, Neigungen, Denkungsart, Fähigkeiten und Geschmack durchaus erfordert werde, um eine frohe Ehe zu stiften; vielmehr mag wohl zuweilen grade das Gegenteil mehr Glück gewähren."
*Freiherr Adolph Franz Friedrich Ludwig Knigge (1752–1796), deutscher Schriftsteller*

„Weich ist stärker als hart. Wasser ist stärker als Fels. Liebe ist stärker als Gewalt."
*Hermann Hesse (1877–1962), deutscher Dichter und Literatur-Nobelpreisträger*

„Die Liebe hat zwei Töchter: die Güte und die Geduld."
*Aus Italien*

„Der Geist baut das Luftschiff, die Liebe aber macht gen Himmel fahren."
*Christian Morgenstern (1871–1914), deutscher Lyriker*

„Der Hass folgt der Trägheit des Herzens; er ist billig und bequem. Die Liebe ist immer ein Wagnis. Aber nur im Wagen wird gewonnen."
*Theodor Heuss (1884–1963), erster Bundespräsident der Bundesrepublik Deutschland*

# Reime

Ihr seid nun eins, ihr beide,
und wir sind mit euch eins.
Trinkt auf der Freude Dauer
ein Glas des guten Weins!
Und bleibt zu allen Zeiten einander zugekehrt,
durch Streit und Zwietracht werde
nie euer Bund gestört.
*Johann Wolfgang von Goethe (1749–1832)*

Hoch ist der Liebe süßer Traum
erhaben über Zeit und Raum.
*Wilhelm Busch (1832–1908), deutscher Zeichner und Dichter*

Die Liebe, die Liebe, welch lieblicher Dunst!
Doch in der Ehe – da steckt die Kunst.
*Theodor Storm (1817–1888), deutscher Dichter*

Drum prüfe, wer sich ewig bindet,
ob sich das Herz zum Herzen findet.
*Friedrich von Schiller (1759–1805), deutscher Dichter*

Wie Felsenabgrund mir zu Füßen
Auf tiefem Abgrund lastend ruht,
Wie tausend Bäche strahlend fließen
Zum grausen Sturz des Schaums der Flut,
Wie strack mit eignem kräftigen Triebe
Der Stamm sich in die Lüfte trägt:
So ist es die allmächtige Liebe,
Die alles bildet, alles hegt.
*Johann Wolfgang von Goethe (1749–1832)*

„Tadelt man, dass wir uns lieben, dürfen wir uns nicht betrüben: Tadel ist von keiner Kraft. Andern Dingen mag das gelten, kein Missbilligen, kein Schelten, macht die Liebe tadelhaft."
*Johann Wolfgang von Goethe (1749–1832)*

## Zitate aus der Bibel

Glückwünsche zur silbernen und goldenen Hochzeit mit einem Bibelzitat zu versehen, betont den kirchlichen Bund fürs Leben, den das Paar vor dem Altar geschlossen hat.

„Wenn ich in den Sprachen der Menschen und Engel redete, hätte aber die Liebe nicht, wäre ich dröhnendes Erz oder eine lärmende Pauke. Und wenn ich prophetisch reden könnte und alle Geheimnisse wüsste und alle Erkenntnis hätte; wenn ich alle Glaubenskraft besäße und Berge damit versetzen könnte, hätte aber die Liebe nicht, wäre ich nichts. Und wenn ich meine ganze Habe verschenkte, und wenn ich meinen Leib dem Feuer übergäbe, hätte aber die Liebe nicht, nützte es mir nichts."
*1. Korinther 13, 1–3*

„Einer trage des anderen Last,
so werdet ihr das Gesetz Christi erfüllen."
*Galater 6,2*

„Gott hat uns nicht gegeben den Geist der Furcht, sondern der
Kraft und der Liebe und der Besonnenheit."
*2. Timotheus 1,7*

„Lasset uns nicht lieben mit Worten, sondern mit der Tat und
mit der Wahrheit."
*1. Johannes 3, 18*

„Bittet, so wird euch gegeben; suchet, so werdet ihr finden;
klopfet an, so wird euch aufgetan."
*Matthäus 7, 7*

„Sie ist lieblich wie eine Hinde und holdselig wie ein Reh; Lass
dich ihre Liebe allzeit sättigen und ergötze dich allewege in
ihrer Liebe."
*Sprüche 5,19 (Hinde = Hirschkuh)*

# Rund ums Kind

Jeder neue Erdenbürger braucht Schutz – und viel Glück. Anlässe gibt es viele.

In diesem Kapitel finden Sie Muster

- für liebevolle, verbindliche oder humorvolle Glückwünsche zur Geburt eines Kindes,
- für Karten, Briefe und kurze Ansprachen zur Taufe, Kommunion, Firmung oder Konfirmation sowie zur in den östlichen Bundesländern beliebten Jugendweihe.

# Zur Geburt

Ihre Glückwünsche richten sich in diesem Fall natürlich an die Eltern. Auch die Eltern beginnen einen neuen Lebensabschnitt und sind für jede Unterstützung dankbar. Wenn Sie also selbst Kinder haben, können Sie für das Glückwunschschreiben aus diesem Erfahrungsschatz schöpfen. Gratulieren Sie, wünschen Sie viel Freude und – wenn Sie möchten – starke Nerven. Bieten Sie gegebenenfalls an, immer mit Rat und Tat zur Seite zu stehen. Eltern und Geschwister begrüßen das neue Familienmitglied meist schon in den ersten Tagen und gratulieren persönlich. Freunde und Bekannte überreichen einen Blumenstrauß oder ein Geschenk meist etwas später zusammen mit einer Glückwunschkarte.

## Glückwünsche von Verwandten und Freunden

Glückwünsche zur Geburt dürfen liebevoll-salopp sein und für enge Freunde oder Geschwister ruhig auch flapsig. Humor ist hier das Beste, denn schließlich bringt der Neuankömmling die alte Familienordnung durcheinander.

### Beispiele: Humorvoll

■ Schlaflose Nächte, jede Menge Geschrei und dann die ersten Zähne … Auch ihr werdet das erleben – und trotzdem gut überstehen! Alles Liebe für euch und eure Eva!

■ Wir wünschen euch von ganzem Herzen alles Gute zur Geburt eurer Tochter Uschi! Sie soll den Möhrchenbrei in der

Wohnung verteilen, euch jubelnd empfangen, wenn ihr nach Hause kommt, sie soll euch frech anlächeln, wenn ihr etwas sagt ... Kurz, sie soll einfach euer Sonnenschein sein. Viel Freude, Spaß und Geduld wünschen, ...

■ Liebe Alex, sie wird deine Designerschuhe und dein gesamtes Make-up ausprobieren und deine Modellautos mit Barbies ausstatten, lieber Mark! In der Pubertät wird sie euch alle Nerven kosten und es wird sicher Momente geben, die eure Geduld ganz schön auf die Probe stellen. Aber wäre es anders, wäre es auch nur halb so schön. Ich bin ganz sicher: Egal, was euer Mädchen auch anstellen wird, letztendlich ist sie euch dankbar für alles, was ihr für sie tut, weil sie euch lieb hat, so wie ihr sie von Herzen liebt. Ich gratuliere euch zu eurer Stefanie!

■ Herzlichen Glückwunsch, ihr habt das große Los gezogen. Benjamin-Blümchen-Kassetten auf Endlosschleife, Unterhaltungszwang am Samstagmorgen um 7 Uhr und ein hauseigener Teletubbie-Fanclub! Ich gratuliere euch von ganzem Herzen zu eurem kleinen Schatz und wünsche eurer jetzt noch größeren Familie nur das Beste für die Zukunft!

## Beispiele: Thema Liebe

■ Das Symbol eurer Liebe ist geboren! Ich gratuliere euch von ganzem Herzen zu eurem Kind und wünsche euch ein Leben voller Erfüllung. Bleibt unzertrennlich und haltet zusammen!

■ In Indien sagt man: Ein Erwachsener achtet auf Taten – ein Kind achtet auf Liebe! Bei euch bin ich ganz sicher: Zuneigung, Zärtlichkeit und Liebe werden das Erste sein, was euer Kind, durch Euch, auf dieser Welt erfährt! Mit Glückwünschen aus vollstem Herzen, ...

- Die Liebe, die euch beide seit eurer ersten Begegnung verbindet, ist nun auf euer Kind übergegangen, denn es ist ein Teil von euch: ein Pfand eurer großen Liebe. Mit den besten Glückwünschen zur Geburt, euer Freund Stefan

# Glückwünsche von Kollegen, Vorgesetzten und Geschäftspartnern

Persönlich und herzlich wirkt es, wenn Sie als Vorgesetzter den Namen des Neugeborenen in Ihrem Glückwunsch nennen. Vielleicht können Sie ja auch etwas Positives über den Geburtsverlauf in Erfahrung bringen; etwa, dass es eine schnelle, glatte Geburt war oder das Baby sehr groß oder schwer ist. Sie dürfen ruhig den Bogen zum Beruflichen spannen.

### Beispiele: Vertraut und humorvoll

- Zur Geburt Ihrer kleinen Tochter Lena gratulieren wir Ihnen von Herzen und wünsche Ihrer Familie für den Weg in Richtung Zukunft alles Gute! Ihre Kollegen

- Neun Monate gespanntes Warten und nun ist Paul endlich gelandet. Man kann aber wirklich sagen, es hat sich gelohnt, denn so ein süßes Baby habe ich wirklich selten gesehen! Und glaubt mir, ich weiß, wovon ich rede! Ich gratuliere euch von ganzem Herzen zur Geburt eures Hendriks! Eure Kollegin ...

■ Liebe Eltern, meine herzlichsten Glückwünsche zur Geburt eurer Lena. Grüßt das Schätzchen von mir ... alle drei Stunden! Eure ...

■ Glückwunsch, Markus und Barbara! Wir gratulieren euch zu der Geburt eures kleinen Ronaldos und wünschen der jungen Fußballfamilie alles erdenklich Gute! Die Kollegen

## Beispiele: Herzlich und ein wenig offiziell

■ Sehr verehrte Frau Müller, als Projektmanagerin haben Sie für uns schon viele knifflige Konzepte aus den Kinderschuhen geholfen. Wenn ich nur an die Projekte ... denke, das waren nicht immer leichte Geburten! Ich freue mich deshalb zu hören, dass auch dieses Mal alles gut und glatt gegangen ist, als Sie nun Ihr neues Projekt „Anna Leonie" im Kreißsaal mit vollstem Erfolg abgeschlossen haben! Dazu gratuliere ich Ihnen ganz herzlich und wünsche Ihnen im Namen aller Mitarbeiter alles Gute für Sie und Ihren neuen Sonnenschein!

■ Lieber Herr Huf, ich gratuliere Ihnen ganz herzlich zu diesem freudigen Ereignis, der Geburt Ihres kleinen Jonas! Da ich Sie als höchst kompetenten Mitarbeiter kenne, werden Sie ganz sicher auch in Ihre neuen Aufgaben als Vater hervorragend meistern. Mit den besten Glückwünschen, Ihr ...

■ Sehr geehrte Frau Brückner, ich gratuliere Ihnen herzlich zu Ihrem Pfundskerl Luka! 4,2 Kilogramm und 60 Zentimeter, wie mir zu Ohren gekommen ist – also, etwas Großes hatten wir ja schon von Ihnen erwartet, da Sie ja auch bei uns im Büro permanent Höchstleistungen vollbringen ... Aber ein solches

Prachtkerlchen ... darauf dürfen Sie äußerst stolz sein! Herzlichen Glückwunsch!

▪ Sehr geehrte Frau Brückner, meine herzlichsten Glückwünsche zur Geburt Ihrer Lara. Ich bin sicher, Sie werden mit der
Kleinen sehr viel Freude haben, denn Kinder sind doch wirklich das Schönste im Leben. Ich wünsche Ihnen und Ihrer
Familie alles Gute!

▪ Zwar ist es schön zu sehen, dass es beruflich für Sie zurzeit
nicht besser laufen könnte, aber die Geburt des eigenen
Kindes ist doch nach wie vor ein Ereignis, dass alles bisher
Dagewesene in den Schatten stellt. Wir gratulieren recht
herzlich zu der Geburt von Maximilian ...

▪ Es scheint, als wäre momentan Ihr gesamtes Leben von
Erfolg gekrönt und wir können nur sagen, Sie haben es sich
auch redlich verdient! Herzlichen Glückwunsch zur Geburt
Ihres Sohnes Dominik und alles Gute für die Zukunft, Ihr
Geschäftspartner ...

# Taufe

Die Taufe ist das erste und wichtigste aller Sakramente. In Ihrem Glückwunschschreiben muss daher eine „christliche Formulierung" zwingend enthalten sein, selbst wenn Sie bekennender Atheist sind. Richten Sie Ihren Glückwunsch nicht an das Taufkind selbst, denn es kann ja noch nicht lesen: Schreiben Sie den Namen des Taufkinds auf den Briefumschlag und verfassen Sie Ihren Text in der Glückwunschkarte dann an die Eltern.

## Glückwünsche von Freunden und Verwandten

Um die Gratulation zur Taufe feierlich zu gestalten, weisen Sie auf Folgendes hin: Eine Taufe ist nicht nur eine schöne Familienfeier, sondern ein äußerst wichtiger Tag im Leben des Täuflings, der in die große Gemeinschaft Gottes aufgenommen wird. Insbesondere Taufpaten sollten hier ihrer Pflicht nachkommen, durchaus mit etwas Pathos die Wichtigkeit dieses Vorgangs zu betonen. Dies ist natürlich nicht glaubwürdig, wenn die Paten der Amtskirche eher distanziert gegenüberstehen. Dann lautet der Ausweg: Humor!

### Beispiel: Gottes Segen

■ Heute ist euer Kind in die Gemeinschaft Gottes aufgenommen worden, wo man es leiten, halten und lieben wird! Zu diesem Ereignis gratuliere ich euch und wünsche euch und eurem Kind nur das Beste, mit Gottes Segen!

- Heute ist ein ganz besonderer Tag, denn ihr habt euer Kind in die Hände Gottes gelegt! Er wird von nun an zu jeder Zeit schützend über euren kleinen Benjamin wachen und ihn auf die rechten Pfade führen. Dazu gratuliere ich ihm und euch ganz herzlich!

## Beispiel: Glückwunsch in der Blumensprache

- Heute sende ich euch einen besonderen Strauß aus Edelweiß, Eichenlaub und Efeu. In der Blumensprache bedeutet dies: „Euer kleiner Gustav ist wunderschön" (Edelweiß). „Ihr habt Mut bewiesen, ihm das Licht der Welt zu schenken" (Eichenlaub). Und mit Liebe (Efeu), eurer und Gottes Liebe, wird er im Leben alles schaffen! Alles Gute für euch und euer Taufkind!

## Beispiel: Taufpaten

- Ich will ganz ehrlich sein: Schon als ich eure kleine Kristina das erste Mal sah, habe ich sie in mein Herz geschlossen. Deshalb konnte ich mein Glück kaum fassen, als ihr mich als Taufpaten ausgewählt habt und ich verspreche, ich werde mich als würdig erweisen. Ich habe schon mal ein paar Barbies bestellt, auch wenn das sicher noch etwas dauern wird. Meinen herzlichsten Glückwunsch zur Taufe eures Kindes!

- Dass ihr mich als Taufpatin für eure Susanne ausgewählt habt, ist eine ganz besondere Ehre für mich. Ich verspreche euch, dass ich immer an ihrer Seite sein werde. Egal zu welcher Tages- oder Nachtzeit sie mich brauchen sollte, ich werde für mein Patenkind da sein, weil ich es von Herzen lieb habe und nur sein Bestes will. Ich gratuliere euch und eurer Susanne zur Taufe.

## Taufrede

Üblicherweise spricht kurz der Vater des Taufkinds, als Gastgeber. Eher selten ergreifen Paten und Großväter das Wort. Sofern es dem Redner glaubwürdig erscheint, sollten christliche Elemente eingebunden werden. Wenn der Vater beispielsweise regelmäßig in die Kirche geht, sollte er aus der Bibel zitieren, andernfalls eher nicht. Auch in einer Taufrede lässt sich zum Beispiel Goethe zitieren.

▪ Ich danke euch allen, dass ihr gekommen seid, unsere kleine Emma an ihrem großen Tag zu begleiten – und ich finde, der jüngste Spross unserer Familie ist wirklich wunderschön geraten. Goethe sagte einmal über die Rose, sie sei „das Vollkommenste, das die Erde in unserem Klima hervorgebracht hat." Und genau das war auch mein Eindruck, als ich Emma zum ersten Mal sah. Das schönste und liebste Kind der Welt, einfach perfekt.

Mir wird es schwer fallen, ihr eine Bitte abzuschlagen, das weiß ich jetzt schon. Das ist aber auch kein Wunder: Unsere Tochter hat deine Augen und dein Lächeln, liebe Eva! Aber ich bin bereit, während sie heranwächst und wir sie gemeinsam erziehen, mutig und heldenhaft an deiner Seite zu stehen und mich auch nicht davon abbringen lassen, wenn unsere Tochter mich anlächelt oder bittend anschaut. Besonders mutig und heldenhaft werde ich sein, wenn es darum geht, Jungen aus unserer Wohnung zu vertreiben, die für Emma sowieso nicht gut genug wären! Aber bis dahin ist ja noch sehr viel Zeit.

Ich hoffe und ich glaube aber, Eva, dass unsere Tochter auch deine Intelligenz, deinen Humor und dein Temperament geerbt hat, sowie alle anderen Eigenschaften, die ich so an dir bewundere: Güte, Aufrichtigkeit, Treue, Hilfsbereitschaft, Mitgefühl. Wir werden unserem Kind das Beste geben, was wir haben, vor allem unsere Liebe.

Liebe Familie, in diesem Sinne wünsche ich uns allen nun noch ein schönes Fest und bedient euch bitte reichlich am Büffet. Schließlich muss ich ja einige Expertenmeinungen einholen, welcher Brei wohl der Beste für mein Mädchen sein wird! Guten Appetit!

# Glückwünsche von Kollegen und Vorgesetzten

Im Unterschied zur Verwandtschaft ist es nicht Aufgabe der Kollegen, das Taufkind auf seinem christlichen Lebensweg aktiv zu begleiten. Die Glückwünsche können deshalb weniger „bibelfest" ausfallen. Die Bedeutung der Taufe kann aber dennoch dargestellt werden.

▪ Heute haben Sie Ihren Jonas in die Hände Gottes gegeben und ihn zu einem Mitglied der christlichen Gemeinschaft werden lassen. Dazu gratuliere ich Ihnen und Ihrem Sohn aufrichtig und wünsche eine schöne Feier im Kreise Ihrer Familie!

▪ Getauft wurde heute euer Kind,
weshalb wir alle äußerst fröhlich sind.
Ein ganz besonderer Tag im Leben,
von euch an die Marie gegeben!
Dazu von Herzen gratulieren wir
euch auf diesem Wege hier.
Die Kollegen

▪ Lieber Herr Schäfer, ich gratuliere Ihnen von ganzem Herzen zur Taufe Ihres Kindes. Aus Erfahrung weiß ich: Vater sein ist ein Fulltimejob. Aber ich bin ganz sicher, auch in dieser Branche werden Sie so gut sein wie in unserer. Mit den besten Glückwünschen, Ihr ...

# Erstkommunion

Zur Kommunion gratulieren in der Regel nur Verwandte, Freunde und Nachbarn. Das Glückwunschschreiben können Sie an das Kommunionkind selbst richten. Mit der Kommunion wird das Kind als vollwertiges Mitglied in die Gemeinschaft der Christen aufgenommen, mit allen Rechten und Pflichten. Nach der Einschulung ist dies das nächste wichtige gesellschaftliche Ereignis im Leben eines katholischen Kinds. Sind Sie selbst katholisch, können Sie das Kommunionkind willkommen heißen. In jedem Fall können Sie das Kind beglückwünschen, nun schon so groß und reif zu sein.

### Beispiele: Mit Bezug zum Christentum

▪ Heute hast du den Leib und das Blut Christi empfangen und bist dadurch in unsere Gemeinschaft der Gläubigen aufgenommen worden! Ich gratuliere dir ganz herzlich und wünsche dir Gottes Segen auf allen deinen Wegen!

- Ich gratuliere dir herzlich zu deiner Erstkommunion. Vertraue auf Gott, denn er wird dich mit unsichtbarer Hand leiten und auf die richtigen Pfade führen, weil er dich liebt, wie alle seine Kinder!

- Du kennst bestimmt den Anfang von Psalm 27: „Der Herr ist mein Licht und mein Heil; vor wem sollte ich mich fürchten! Der Herr ist meines Lebens Kraft, vor wem sollte mir grauen!" Mit dem Sakrament der Heiligen Kommunion hast du das Licht, das Heil und die Gemeinschaft Gottes erhalten. Dazu gratuliere ich dir aus tiefstem Herzen.

- Kommunion kommt von lateinisch „communio". Das bedeutet: Gemeinschaft. Du bist heute in die große globale Gemeinde der Christen aufgenommen worden. Gemeinsam mit vielen Hundert Millionen Menschen wirst du von Gottes himmlischer Hand beschützt und geleitet. Darüber freue ich mich und wünsche dir ganz herzlich alles Gute auf deinem weiteren Lebensweg!

## Beispiele: Neutrale Glückwünsche

- Zur Kommunion herzliche Glückwünsche und alles Gute für die Zukunft! Zum diesem besonderen Tag gratulieren wir dir, liebe Katrin, und deinen lieben Eltern recht herzlich! Möge es ein festlicher Tag werden, der dir für immer im Gedächtnis bleibt.

▪ Alles Gute zu deiner Erstkommunion! Wir gratulieren dir von ganzem Herzen zu deinem großen Tag und wünschen dir, dass alle deine Hoffnungen und Träume bald in Erfüllung gehen!

## Kommunionsrede

Wenn Sie als Vater oder Mutter eine kleine Rede halten, sprechen Sie Ihr Kind direkt an und loben Sie es. Es soll stolz auf die Feier sein und sich von allen akzeptiert fühlen. Am Tag der Kommunion ist es auf dem Lebensweg ein Stückchen weiter gekommen und hat ein bisschen mehr Sicherheit erworben. Signalisieren Sie, dass Sie ihm dabei auch weiterhin behilflich sein werden.

### Beispiel: Begrüßung in der Gemeinschaft

▪ Genau wie du stand ich hier fast auf den Tag genau vor 30 Jahren – bei meiner Kommunion! Alle hatten sich extra für mich besonders schön angezogen – genau wie wir das heute für dich tun. Liebe Gäste: Ich hatte damals zum ersten Mal in meinem Leben einen Anzug mit Krawatte an! Ich weiß noch ganz genau, irgendwie hatte ich den Eindruck: „Jetzt gehör' ich dazu." Und dieser Eindruck war richtig. Ab heute gehörst auch du dazu. Dir ist das Heilige Sakrament der Kommunion geschenkt worden. Das ist ein eine Gottesgnade – die Rechte und Pflichten mit sich bringt. Du hast jetzt zum ersten Mal vollen Anteil an der Gemeinschaft derer, die Christus angehören. Du hast sozusagen, wie man heutzutage sagen würde, „Login" und „Passwort" bekommen für die christliche „Community". Und das ist eine gute Community.

Für den heutigen Tag gilt: Deutschland hat den Superstar gesucht und gefunden – Christus hat dich gesucht – und gefunden. Lieber Sohn, du bist der Superstar unserer Feier, denn du hast dich für Gott entschieden! Und für uns. Wir sind darüber sehr froh – und – lieber Mike, wir sind sehr stolz auf dich.

Und nach all den Förmlichkeiten, die du nun hinter dich gebracht hast, wollen wir zum entspannten Teil des Tages übergehen! Deinem Fest! Darauf musstest du ja schließlich lange genug warten! Pack in aller Ruhe deine Geschenke aus, iss von deiner Riesentorte und genieße deinen Ehrentag! Wir haben dich lieb und sind stolz, so einen tollen Sohn zu haben!

# Firmung und Konfirmation

Die katholische Firmung und die evangelische Konfirmation sind Bekräftigungen des Glaubens. Der Jugendliche wählt nun eigenständig den Weg, den seine Eltern mit der Taufe vorgegeben haben. Gratulieren Sie ihm dazu und erwähnen Sie den Sinn dieses Sakraments in Ihrem Glückwunschschreiben. Wünschen Sie alles Gute für den weiteren Weg zum Erwachsenwerden. Glückwünsche aus dem Bekanntenkreis der Eltern und aus der Nachbarschaft sind üblich. Verwandte schicken Geschenke und Glückwunschschreiben oder kommen zum Fest. Enge Verwandte und Paten gratulieren besonders feierlich, etwa mit einem passenden Gedicht, einem Psalm oder einem Bibelzitat.

# Glückwünsche für Karten und kurze Briefe

▪ Heute ist ein ganz besonderer Tag! Du hast dich durch deine Firmung von der Kindheit verabschiedet und bist auf dem besten Weg, ein Erwachsener zu werden, auf den wir alle sehr stolz sein können. Dazu gratulieren wir dir von ganzem Herzen!

▪ Heute hast du den entscheidenden Schritt vom Kind zum Erwachsenwerden getan und deinen Glauben konfirmiert! Mit Gottes Hilfe wirst du den rechten Weg niemals aus den Augen verlieren! Zu deinem besonderen Tag gratuliere ich dir von ganzem Herzen und wünsche dir für deine Zukunft alles Gute!

▪ Du hast dich heute entschieden, als verantwortliches, vollwertiges Mitglied in die Gemeinschaft unseres Herrn einzutreten und dein Leben in seine Hände zu geben! Ich gratuliere dir dazu herzlich und wünsche dir für deinen Lebensweg alles erdenklich Gute und Gottes Segen!

▪ Der heutige Tag hat seinen stillen Segen,
die Stunde ihr besondres Licht.
Gehst du der Feier heut' entgegen,
vergiss die zarte Andacht nicht.
Der Kirche hoher Feierraum
ist heute festlich dir erschlossen.
Du gehst den Weg noch wie im Traum,
von hellem Jugendlicht umflossen.
Wir alle, die heut um dich sind,
erbitten für die Zukunft immer
des Herrgotts Schutz für dich, mein Kind,

und seiner Liebe warmen Schimmer.
Die Stunden werden schnell entgleiten.
Die Worte, die der Pfarrer spricht,
sie werden segnend dich begleiten
durchs Leben wie ein schönes Licht!
Herzlichen Glückwunsch und alles Gute zur Firmung!

■ Im Psalm 14:2,3 heißt es: „Der Herr schaut vom Himmel auf der Menschen Kinder, dass er sehe, ob jemand klug sei und nach Gott frage." Du bist sehr klug und du hast nach Gott gefragt. Er hat dir die Antwort gegeben: Ja! Dein Bund mit Gott ist heute gefestigt worden. Dazu meine herzlichen Glück- und Segenswünsche!

## Kurze Ansprachen

Zum Anlass der Firmung oder Konfirmation passen Zitate christlichen Inhalts, die den Weg zu einer positiven Entwicklung weisen. Daran lassen sich dann gut eine Erklärung und ein Kompliment anschließen. In Ihrer Rede gehen Sie voller Lob darauf ein, was es schon alles gemeistert hat und spekulieren, was die Zukunft dem Kind noch Wunderbares bringen kann.

### Beispiele: Zitate aus der Kirchenliteratur

■ Der große Kirchenlehrer Friedrich Daniel Schleiermacher hat einmal gesagt: „Sorge dich nicht um das, was kommen wird. Weine nicht um das, was vergeht. Aber sorge dich, dich selbst zu verlieren. Und weine, wenn du dahintreibst im Strome der Zeit, ohne den Himmel in dir zu tragen."

Ohne den Himmel in dir zu tragen! Liebe Gäste! Heute ist mit Brief und Siegel und mit dem Segen von ganz oben bestätigt, konfirmiert, dass meine Tochter den Himmel in sich tragen wird. Das ist nicht nur ein wichtiger, sondern ein ganz großer Tag für dich, liebe Nadja! Und wir alle wünschen dir, dass du immer den Himmel in dir trägst und dass es dir auch immer himmlisch gut geht! Aber das gelingt nur, wenn wir dir alle dabei helfen. Und da kannst du dich auf uns verlassen. Genau wie wir uns auf dich verlassen können! Liebe Nadja, in allen wichtigen Situationen, immer wenn es darauf ankommt, dann kann man sich hundertprozentig auf dich verlassen – darüber freuen sich auch besonders deine jüngeren Geschwister, um die du dich vorbildlich kümmerst!

...

Liebe Nadja, ich gratuliere dir zu deiner Firmung und wünsche dir für die Zukunft alles Gute! Neben all dem Neuen, was auf dich zukommen wird, wünsche ich dir: Hab' Spaß am Leben; ich bin sicher, auch Gott würde das wollen!

▪ Lieber Andreas, ich weiß, du hast in den letzten Stunden schon gehört, dass du nun ein vollwertiges Mitglied der Gemeinschaft der Christen bist, dass nun der Ernst des Lebens beginnt und du von nun an immer verantwortungsvoll denken und handeln sollst. Ich will dir das jetzt nicht noch einmal sagen! Stattdessen sag ich dir lieber: Genieß die Zeit, die nun vor dir liegt. Deine Jugend! Genieß sie in vollen Zügen, denn sicher willst du nicht irgendwann auf dein Leben zurückblicken und sagen: „Als ich jung war, da hatte ich kaum Gelegenheit, mich mal so richtig zu amüsieren, denn ich war immer besorgt, ob ich auch alles richtig und verantwortungsvoll mache!" Denk daran, mein Freund, aus Fehlern kann man nur lernen!

Deshalb möchte ich dir in diesem Sinne einfach nur sagen, Andreas, lass es krachen! Genieß deinen besonderen Ehrentag und die anschließende Feier mit deinen Freunden! Ich gratuliere dir von ganzem Herzen zu deiner Konfirmation!

# Jugendweihe

Die Jugendweihe ist eine ursprünglich frei-religiöse, und inzwischen nichtkirchliche Alternative zur Firmung oder Konfirmation. Mitte des 19. Jahrhunderts entstanden, wird sie heute noch vor allem im Osten Deutschlands gefeiert. Richten Sie Ihre Gratulation an den Jugendlichen und loben Sie ihn dafür, dass er einen Meilenstein auf dem Weg zum Erwachsensein hinter sich gebracht hat. Wer erwachsen wird, ist für sein Handeln immer stärker selbst verantwortlich. Auch darauf können Sie in Ihren Glückwünschen hinweisen.

## Glückwünsche für Karten und kurze Briefe

▪ Die Jugendweihe ist ein wichtiger Schritt in deinem Leben, denn von nun an bist du fast schon erwachsen! Dazu gratuliere ich dir von ganzem Herzen und wünsche dir, dass du alle deine weiteren Schritte klug, überlegt und erfolgreich gehst.

▪ Ich gratuliere dir ganz herzlich zu deiner Jugendweihe! Vertrau auf deine Fähigkeiten, hör auf dein Herz und glaube deinem Verstand – dann wirst du niemals scheitern!

- Der Erfinder der Jugendweihe, Eduard Baltzer, wurde 1884 zu Festungshaft verurteilt, weil er in einem Zeitungsartikel den preußischen Kronprinz der Barbarei bezichtigt hatte. Und zwar wegen dessen Teilnahme an einer Hetzjagd. Erwachsen werden heißt, seine Meinung zu vertreten – auch gegen Widerstände. Vergiss das niemals und stehe immer zu deiner Meinung.

- Die Jugendweihe ist etwas ganz Besonderes im Leben, aber mit einer großen Menge Verantwortung verbunden, denn schließlich wirst du langsam erwachsen. Genieße heute deinen großen Tag mit uns und all deinen Freunden! Ich gratuliere dir ganz herzlich.

## Reden zur Jugendweihe

- Liebe Carolina, nun hast auch du den entscheidenden Schritt getan! Einen Schritt dem Erwachsensein entgegen. Natürlich bist du noch nicht ganz erwachsen, und ich denke, das wird auch noch ein Weilchen dauern. Aber bitte bewahre dir all die Dinge, die dir auf dem Weg dorthin in der nächsten Zeit widerfahren werden, im Herzen. Sie sind wertvoll, als Erfahrung und als Erinnerung; denn möglicherweise können sie dir irgendwann einmal helfen, zu verstehen, wer du bist.
Liebe Carolina, ich gratuliere dir ganz herzlich zu deiner Jugendweihe! An dieser Stelle verspreche ich dir eine Sache nun ganz fest! Egal, was auch passieren mag, ich werde immer für dich da sein und an deiner Seite stehen, weil ich dich von ganzem Herzen liebe!

■ Natürlich kann niemand sagen, was unsere Zukunft bringen wird, lieber Christoph, aber immerhin liegt es auch an uns, sie aktiv zu gestalten. Für deinen weiteren Lebensweg wünsche ich dir Geduld, zu akzeptieren, was sich nicht ändern lässt; Verstand, um zu verstehen, aus welchem Grund Dinge geschehen; Mut, zu verändern, was dir nicht gefällt; und Freude, um alles als ein Geschenk zu sehen, das möglicherweise jeden Tag zum Besten deines Lebens machen kann! Ich gratuliere dir zu deiner Jugendweihe!

# Zitate und Geschichten

Zitate sind vielfältig einsetzbar: als Einstieg oder Schluss für Karten, Briefe und Reden. Sie geben dem Glückwunsch eine persönliche, herzliche oder je nach Zitat auch eine seriöse Wirkung. Man kann ein passendes Zitat sogar als roten Faden für die gesamte Rede nutzen.

## Zur Geburt

„Ich wurde als ganz kleines Kind geboren. Meine Mutter schenkte mich meinem Vater, damit er sich freute."
*Kurt Schwitters (1887-1948), deutscher Maler und Schriftsteller*

„Mit jedem Menschen ist etwas Neues in die Welt gesetzt, was es noch nicht gegeben hat, etwas Erstes und Einziges."
*Martin Buber (1878–1965), Religionsforscher und -philosoph*

„Jedem Anfang liegt ein Zauber inne, der uns beschützt und der uns hilft zu leben."
*Hermann Hesse (1877–1962), deutscher Dichter und Literatur-Nobelpreisträger*

„Kinder sind wie ein Buch, in dem wir lesen und in das wir schreiben sollten."
*Peter Rosegger (1843–1918), österreichischer Schriftsteller*

„Drei Dinge sind uns aus dem Paradies geblieben: Sterne, Blumen und Kinder."
*Dante Alighieri (ca. 1265–1321), italienischer Dichter und Philosoph*

„Ein Kind ist sichtbar gewordene Liebe."
*Novalis (1772–1801), Georg Friedrich Philipp Freiherr von Hardenberg, deutscher Schriftsteller und Philosoph*

„Es gibt keine großen Entdeckungen und Fortschritte, solange es noch ein unglückliches Kind auf Erden gibt."
*Albert Einstein (1879–1955), deutscher Physiker und Physik-Nobelpreisträger*

„Was eine Kinderseele aus jedem Blick verspricht?
So reich ist doch an Hoffnung ein ganzer Frühling nicht."
*August Heinrich Hoffmann von Fallersleben (1798–1874), deutscher Dichter und Autor der deutschen Nationalhymne*

Zu Hause wird der kleine Bruder von Meister Radtke aus der Nachbaretage beglückwünscht: „Is det denn nischt, Paule? Een kleenet Schwesterchen, wa?" – „Soll schon wat sein.

Keen anständijet Fernsejerät im Hause, aba für so'n Quatsch is Jeld da." *Unbekannt*

## Zur Taufe

„Wir können die Kinder nach unserem Sinne nicht formen; so wie Gott sie uns gab, so muss man sie haben und lieben."
*Johann Wolfgang von Goethe (1749–1832)*

„Die Strasse komme dir entgegen. Der Wind stärke dir den Rücken. Die Sonne scheine warm dir ins Gesicht. Der Regen falle sanft auf dein Feld. Bis wir uns wieder sehen, berge Gott dich in der Tiefe seiner Hand."
*Irischer Segensspruch*

## Zur Firmung und Konfirmation

„Der Herr ist mein Licht und mein Heil; vor wem sollte ich mich fürchten! Der Herr ist meines Lebens Kraft, vor wem sollte mir grauen!"
*Psalm 27,1*

„Der Herr schaut vom Himmel auf der Menschen Kinder, dass er sehe, ob jemand klug sei und nach Gott frage."
*Psalm 14,2*

„Sorge dich nicht um das, was kommen wird. Weine nicht um das, was vergeht. Aber sorge dich, dich selbst zu verlieren. Und weine, wenn du dahintreibst im Strome der Zeit, ohne den Himmel in dir zu tragen."
*Friedrich Daniel Ernst Schleiermacher (1768–1834), deutscher Theologe, Philosoph und Pädagoge*

# Reime zur Jugendweihe

Heute wurdest du geweiht,
nun sei auch auf das Leben bereit,
das kann dir geben schöne Tage
aber auch Tage voller Klage.
Diese zu meistern liegt an dir,
doch sei gewiss wir helfen dir
drum genieß' dein Leben
versuch immer nach vorn zu streben
dann bleibt dir alles offen
und du kannst aufs Beste hoffen.
*Unbekannt*

Mein Sohn, bevor wir von der Hühnerkeule
zu Kalbs- und Schweinebraten übergehn,
gestatte, dass ich mir das Wort erteile.
Ich bin gerührt, doch glaub nicht, dass ich heule,
denn heute könnt' ich dich nicht feixen sehn.
Moral verdaut man besser vor dem Essen.
Drum nutze ich die letzte Möglichkeit.
Es ist dein Tag, doch darfst du nicht vergessen,
man kann ihn nicht am Wert der Gaben messen,
die man dir heut zur Jugendweihe weiht.
Zum Moped wird es sicherlich nicht reichen,
obwohl der Onkel Heinz nicht kleinlich war.
Doch ließest du dich nach dem Fest erweichen,
das Holz zu hacken und den Zaun zu streichen,
so klappte es vielleicht im nächsten Jahr.
Man hat dich heute Morgen reif gesprochen.

Nun trag die Würde stolz und unverzagt.
Ich rechne zwar nicht gleich mit Flitterwochen,
doch wenn du willst, dann kannst du darauf pochen,
dass man Kollege Krause zu dir sagt.
Doch mit den Rechten kommen auch die Pflichten.
Die Weihe selbst war nur ein Richtefest.
Noch gibt es manche Ritze zu verdichten.
Es liegt bei dir, das Haus so einzurichten,
dass es sich ehrenvoll drin wohnen lässt.
Und nun entfaltet wieder die Serviette.
Du aber, Junge, sei dir stets bewusst:
Das Herz und nicht die erste Zigarette
macht dich zum Glied in jener großen Kette, in der du deinen
Wert beweisen musst.
*Hans Krause, „Rendezvous mit der Zeit"*

# Berufliche Anlässe

Glückwunschschreiben im Beruf sind ein Erfolgsfaktor. Von der Kunden-Kontaktpflege bis zur Mitarbeiter-Motivation: Gratulationen erfüllen viele Aufgaben.

In diesem Kapitel lesen Sie, wie Sie

- Ihren Mitarbeitern zum Jubiläum, zur Beförderung oder zur Verabschiedung Dankeschön sagen,
- Geschäftspartnern und wichtigen Kunden zu deren Firmenjubiläum gratulieren.

# Mitarbeiterjubiläum

Als Vorgesetzter danken Sie einem langjährigen Mitarbeiter für seine Arbeit und für die kollegiale Unterstützung. Begehen Sie nicht den Fehler, die Zahl seiner Jahre zu sehr zu betonen, sondern nennen Sie möglichst seine Erfolge. Denn der Mitarbeiter darf auf seine gute Arbeit stolz sein und nicht auf die pure Zahl seiner „Dienstjahre". Glückwünsche sind üblicherweise fällig ab zehn Jahren Firmenzugehörigkeit, und danach bei allen Dienstjubiläumszeiträumen, die durch fünf teilbar sind. Schon das „Fünfjährige" kann aber mit einem Glückwunschschreiben bedacht werden. Schließlich bietet jede Gratulation eine hervorragende Gelegenheit zur Mitarbeitermotivation.

## Beispiele: Dank

■ Ich danke Ihnen! Seit vielen Jahren lang bereichern Sie unsere Firma mit Ihrer Kompetenz und Ihrem Engagement. Ich gratuliere Ihnen deshalb herzlich zu 25 erfolgreichen Jahren und hoffe, noch viele Jahre mit Ihnen zusammenzuarbeiten.

■ Heute ist Ihr 20jähriges Jubiläum in unserer Firma und ich gratuliere Ihnen dazu recht herzlich! Seit 20 Jahren haben Sie berufliche Erfolge erlebt und mit errungen und ich bin fest davon überzeugt, dass sich das in Zukunft nicht ändern wird!

■ In der heutigen Zeit ist es ja leider nicht ganz einfach, fachliche kompetente und menschlich wertvolle Kollegen zu finden. Aber wir hatten Glück. Denn Sie sind zu uns gekommen. Wir danken Ihnen für Ihre vielen Jahre hervorragender Leistungen und erfolgreicher Zusammenarbeit – und freuen uns mit Ihnen auf die nächsten Jahre!

▪ Liebe Elsa, ich gratuliere dir zu deinem zehnjährigen Firmenjubiläum und hoffe, dass du mir noch mindestens weitere zehn Jahre erhalten bleibst. Ohne dich wären auch die After-Work-Parties nicht dieselben, du Dancing-Queen!

### Beispiele: Dank an Teamleiter oder Geschäftspartner

▪ Wie haben Sie Ihre viele Arbeit nur unter einen Hut bringen können? Ich denke, dass ich Ihr Geheimnis kenne, denn ich weiß: Nur mit einem starken Team im Hintergrund ist es möglich, wichtige Aufgaben meisterhaft zu bewältigen. Und so richtet sich mein Dank nicht nur an Sie, sondern auch an Ihre Familie, insbesondere aber an Ihre liebe Angelika! Ihnen allen danke ich – und wünsche alles Gute!

▪ Seit 15 Jahren unterstützen Sie unsere Firma mit erstaunlicher Kompetenz, hervorragenden Fähigkeiten – und, was am wichtigsten ist: mit einer großen Menge Herzblut! Dafür dankt Ihnen Ihr ganzes Team und wir finden, es muss einmal gesagt werden: Die Firma wäre ohne Sie nicht dieselbe!

# Kurze Ansprachen

Sie können direkt mit einem Dankeschön oder mit einem Zitat bzw. einem Motto einsteigen.

▪ Vor 2500 Jahren wurde ein falscher Satz gesagt, den wir heute noch hören. Der falsche Satz stammt von einem griechischen Philosophen und er lautet: „Die Zahl ist das Wesen aller Dinge." Nun, natürlich sind Zahlen wichtig, ob nun in der Bilanz oder auf der Gehaltsabrechnung und Zahlen haben eine gewisse Macht. Das erleben wir auch heute: Zahlen wie 25, 30 oder 40 und sogar 50 haben bewirkt, dass wir hierher gekommen sind. Doch der griechische Philosoph irrte mit seinem Satz. Zahlen, meine sehr geehrten Damen und Herren, sind nicht das Wesen aller Dinge, Zahlen sind nicht das Wesen dieser Veranstaltung! Wesentlich ist vielmehr, was hinter den Zahlen steckt, was die Ziffern höchstens andeuten können. Nämlich, dass Sie, liebe Jubilare, einen großen Teil Ihres Lebens, Ihrer Kraft, Ihrer Gedanken für unsere Firma und damit für Ihre Kollegen gegeben haben – und wie viel das wert ist, was das bedeutet, kann kein Mensch in Zahlen ausdrücken. Man kann es wirklich nicht ermessen!

Der Schauspieler Jack Nicholson hat einmal gesagt: „Älter werden heißt, besser werden." Ich glaube, dass das stimmt. Auch deshalb erlaube ich mir, Sie um etwas zu bitten: Ob Sie noch lange im Betrieb aktiv sind oder bald in den Ruhestand gehen: Bitte helfen Sie Ihrer Firma, als Vorbilder, als Repräsentanten unseres Unternehmens! Sie sind unsere beste Werbung – denn Sie, liebe Jubilare, Sie verkörpern die Werte, die unsere Firma wirklich erfolgreich machen! Danke für Ihre hervorragende Arbeit!

Im Namen der gesamten Geschäftsführung, im Namen aller Kollegen. Wir danken Ihnen für Ihren Einsatz, für Ihren Mut, für Ihre Loyalität. Und ich freue mich, dass Sie sich die Zeit genommen haben und hergekommen sind, diesen Dank entgegenzunehmen. Herzlichen Dank an Sie und darauf möchte ich jetzt mit Ihnen anstoßen!

▪ Vielleicht erinnern Sie sich heute daran, wie Sie angefangen haben. An Ihren ersten Tag in unserer Firma. Wie auch immer er verlaufen ist, in den folgenden 20 Jahren haben Sie Ihren persönlichen Teil beigetragen zur Erfolgsgeschichte unserer Firma. Die Erfolge verdankt unsere Firma Ihnen, liebe Jubilare. Ich danke Ihnen dafür ganz herzlich.

# Beförderung

Bei Kollegen, die Ihnen nahe stehen, kommt ein Glückwunschkarte zur Beförderung gut an. Bei wichtigen Beförderungen sind ein paar Worte des Vorgesetzten angebracht.

## Glückwünsche für Karten und kurze Briefe

▪ Sehr geehrter Herr Gut, ich habe Ihnen ja immer gesagt, Ihre harte Arbeit, Ihre hohe Kompetenz und Ihr hilfreiches Engagement werden sich auszahlen! Sie sehen, ich hatte Recht. Denn nun sind Sie der jüngste Teamleiter, den unsere Firma je gesehen hat – und Sie werden letztendlich auch der beste sein; davon bin ich überzeugt. Ich gratuliere Ihnen zu dieser großartigen Leistung und wünsche Ihnen für Ihre Karriere weiterhin viel Erfolg. Mit den besten Grüßen, ...

▪ Bereits bei unserer ersten Begegnung, lieber Kollege Steffens, war ich davon überzeugt, dass du es weit bringen würdest. Du hast nämlich zuerst einmal zielstrebig, hoch motiviert und engagiert in der Chefetage nach deinem Büro gesucht. Ich gratuliere dir ganz herzlich zu deiner Beförderung und kann nur sagen, gut gemacht! Da sieht man es mal wieder, wer nach den Sternen greift und sich ein wenig streckt, der erreicht sie auch! Mit bestem Glückwunsch, dein Kollege ...

## Kurze Beförderungsrede

▪ Liebe Kollegen, es ist soweit, jemand aus unserem Team hat seine wohlverdiente Beförderung bekommen. Nämlich Sie, Frau Andersen! Herzlichen Glückwunsch zu dieser phantastischen Leistung. Sie haben sich die Beförderung wirklich verdient, man musste Sie ja beinahe gewaltsam von Ihrem Schreibtisch loseisen! Nichtsdestoweniger war es für uns eine große Ehre, mit Ihnen arbeiten zu dürfen, denn Sie waren immer ein Vorbild an Einsatzbereitschaft, Kompetenz und Leistungsfähigkeit. Wir wünschen Ihnen für die Zukunft nur das Beste und freuen uns schon darauf, Sie in der Chefetage zu sehen. Aber bitte vergessen Sie uns nicht, während Sie die Karriereleiter immer weiter hinaufklettern! Wir gratulieren Ihnen zu Ihrer Beförderung.

# Verabschiedung und Pensionierung

Manchmal müssen Mitarbeiter verabschiedet werden. Sie wechseln die Abteilung oder gehen zu einem anderen Unternehmen, manche machen sich selbständig oder widmen sich neuen Lebensaufgaben. Doch auch beim Eintritt in den Ruhestand gilt: Von nichts kommt nichts. Betonen Sie, dass sich der Mitarbeiter seinen Ruhestand hart verdient hat. Möchten

Sie Ihrem Glückwunsch eine sehr persönliche Note geben, erinnern Sie daran, wann Sie den Mitarbeiter zum ersten Mal gesehen haben und wie Sie sich kennen gelernt haben.

# Kurze Karten oder Briefe

### Beispiele: Verabschiedung

▪ Mit Ihrem Abschied von dieser Firma lassen Sie viele Mitarbeiter und Freunde hinter sich zurück! Wir alle sind dankbar dafür, dass wir mit Ihnen zusammenarbeiten und viel von Ihnen lernen durften. Wir wünschen Ihnen für Ihre Zukunft alles Gute und für Ihre berufliche Zukunft viel Erfolg.

▪ Zum Abschied wünsche ich Ihnen von Herzen alles Gute und danke Ihnen für Ihre außergewöhnliche Arbeit! Sie haben Beeindruckendes bei uns geleistet und ich wünsche Ihnen, dass Sie in Ihrer neuen Firma genauso viel bewegen werden. Mit herzlichen Grüßen, ...

### Beispiele: Pensionierung

▪ Sie haben es geschafft! Zu Ihrer Pensionierung gratuliere ich Ihnen von Herzen und wünsche Ihnen einen erholsamen, hochwohlverdienten Ruhestand!

▪ Nach so vielen Jahren harter und vor allem erfolgreicher Arbeit haben Sie sich ihre Pensionierung mehr als verdient. Meinen recht herzlichen Glückwunsch! Ich hoffe, Sie werden sich von nun an völlig den privaten Freuden des Lebens hingeben! Alles Gute wünscht Ihnen ...

■ Eins ist klar: Sie werden uns fehlen. Lassen Sie sich mal wieder bei uns blicken, unsere Türen stehen Ihnen immer offen! Wir werden versuchen, in Ihre Fußstapfen zu treten und Ihr Werk fortzuführen. Auf ein baldiges Wiedersehen und alles Gute für Ihren Unruhestand.

■ Nach so vielen Jahren harter Arbeit haben Sie sich die Erholung wirklich verdient. Doch wir lassen Sie nur mit einem lachenden und einem weinenden Auge gehen, denn mit Ihnen geht auch ein Stück unserer Firma. Sie werden immer ein Beispiel für uns alle sein! Wir wünschen Ihnen nur das Beste! Ihr Team

# Kurze Ansprachen

Für eine persönliche Einleitung bietet sich ein charmantes Wortspiel mit dem Namen des Pensionärs an. Vielleicht passt zur Tätigkeit des Mitarbeiters ein Bild aus einer Fabel oder aus der Tierwelt? Spielen Sie mit Bildern und Vergleichen. Sprechen Sie die Person auf jeden Fall direkt an und loben Sie sie mit Adjektiven wie „sympathisch", „fleißig", „erfolgreich". Dank und gute Wünsche für die Zukunft sind das A und O einer Abschiedsrede und können daher am Anfang und am Ende stehen. Eigentlicher Zweck einer Abschiedsrede ist aber etwas anderes: Der Mitarbeiter soll als gutes Beispiel für die anderen Kollegen dargestellt werden.

### Beispiel: Wortspiel mit dem Namen

■ Liebe Kollegen! Der Fuchs gehört ja bekanntlich zu den cleveren Beutetieren. Sehr verehrter Herr Abteilungsleiter – lieber Kollege Fuchs! Du beweist deine Schläue noch täglich auf unseren Beutezügen nach Marktanteilen. Aber du hast clever vorgesorgt, denn nachdem du für uns schon so viel fette Beute an Land gezogen hast, darfst du dich nun wohl-verdient in deinen privaten Fuchsbau zurückziehen! Genieße deinen baldigen Ruhestand und bewahre dir die Schlauheit, die du uns immer wieder bewiesen hast. Danke, dass wir so viel von dir lernen durften.

Wir wünschen dir von Herzen alles Gute – denn wir haben dir viel zu verdanken. Wir danken dir für deine absolute Loyalität – die Loyalität eines Mannes, der seiner Firma bald ein halbes Jahrhundert lang treu geblieben ist! Der immer zur Stelle ist, wenn Hilfe gebraucht wird, der immer ein offenes Ohr für die Probleme anderer hatte und immer einen versiegelten und verschlossenen Mund hatte, wenn man ihm ein Geheimnis anvertraute. Darauf zum Abschied ein herzliches Dankeschön und ein Prosit!

### Beispiel: Sonniger Ruhestand

▪ Wir wissen ja, liebe Kollegen: Das Leben ist ein stetiges Auf und Ab. Nach Regen folgt Sonnenschein! Doch für dich, lieber Friedrich, scheint nun für immer die Sonne! Du kannst jetzt zu Mittag essen, wann du willst, wo du willst und so oft du willst! Und du musst keinen Schreibtisch mehr so in Ordnung halten, dass man mit dem Millimetermaß kontrollieren könn-te, dass tatsächlich alles hochexakt seinen Platz hat. Auch musst du morgens nun nicht mehr früh aufstehen, sondern kannst dich noch mal umdrehen und weiterschlafen. Obwohl du wahrscheinlich, wie wir dich kennen, den Tag auch im Ruhestand froh und frisch, munter und gut gelaunt und vor allem ganz früh beginnen wirst! Das wünschen wir dir auch, lieber Friedrich: Wir, deine Kollegen wünschen dir, dass du froh und munter bleibst und deinen Ruhestand lange genießen kannst!

Lieber Friedrich, du hast mich gefördert und auf mich gebaut. Und wenn ich total gestresst war, dann hast du mich mit deiner ruhigen, ausgeglichenen Art stets wieder beruhigt. Ich danke dir, lieber Friedrich, du warst nicht nur ein toller Chef, sondern du bist für mich auch zu einem Freund geworden. Und einem Freund darf ich auch ganz offen sagen, dass er sich bitteschön fit und gesund halten möge, damit er noch lange lebt! Vielleicht noch ein bisschen mehr joggen ... und mehr Fußballspielen! Auf dich, wir stoßen an auf deine Gesundheit, auf dein Wohl – prosit! Dankeschön!

# Firmenjubiläen

Die meisten Firmen feiern als Erstes ihr zehnjähriges Bestehen, manche auch 15 Jahre, es folgen 20, 25 und bei Traditionsunternehmen auch 50, 100 und 150 Jahre. Bekannt wird dies häufig lange vorher durch Rabattaktionen oder Einladungen zu Jubiläumsfesten. Als Geschäftspartner gratulieren Sie schriftlich zum Jubiläum und bedanken Sie sich für die gute Zusammenarbeit und für die hervorragenden Leistungen der Firma. Bei Feiern anlässlich des eigenen Firmenjubiläums loben Sie in leitender Funktion die herausragenden Leistungen Ihrer Mitarbeiter.

# Glückwünsche von Geschäftspartnern

## Beispiele: Kompetenz hervorheben

▪ Ihrem enormen Fachwissen, Ihrer Kompetenz und Ihrem Einsatz ist es zu verdanken, dass Ihre Firma heute zehnjähriges Jubiläum feiern kann! Ich beglückwünsche Sie ganz herzlich zu dieser Leistung und bedanke mich für unsere hervorragende Zusammenarbeit.

▪ Heute feiert Ihr Unternehmen sein 20. Jubiläum. Herzlichen Glückwunsch zu Ihrem selbstlosen Einsatz, Ihrem unbeugsamen Arbeitswillen und Ihren fantastischen Erfolgen! Wir wünschen Ihnen eine mindestens ebenso erfolgreiche Zukunft und freuen uns auf die weitere Zusammenarbeit!

▪ „Das Außerordentliche", sagte Goethe, „geschieht nicht auf glattem, gewöhnlichem Wege." Sie haben den außerordentlichen Erfolg Ihres Unternehmens auf schwierigen, steinigen Wegen erreicht und darauf dürfen Sie sehr stolz sein!

## Beispiele: Gratulation und Dank

▪ Der Gründer der SOS-Kinderdörfer, Hermann Gmeiner, hat einmal gesagt: „Alles Große in unserer Welt geschieht nur, weil jemand mehr tut, als er muss!" Dies trifft auch auf Sie zu, denn heute ist es ganz und gar nicht mehr selbstverständlich, sich so selbstlos wie Sie für berufliche Ziele einzusetzen. Ich bedanke mich für die gute Zusammenarbeit und beglückwünsche Sie zu Ihrem 25-jährigen Firmenjubiläum!

▪ Ich beglückwünsche Sie, wünsche Ihnen weiter so außerordentlichen Erfolg und ich wünsche mir, dass Sie mir noch lange als so ausgezeichneter Kooperationspartner zur Verfügung stehen.

▪ Nicht jeder kann erfolgreich ein Unternehmer leiten, denn dazu bedarf es Kompetenz und besonders auch großer menschlicher Qualitäten! Sie haben beides, denn sonst wäre Ihre Firma nicht so erfolgreich, wie sie es heute ist! Ich beglückwünsche Sie zu Ihren großen Leistungen, sage ein herzliches Dankeschön für unsere partnerschaftliche Zusammenarbeit und wünsche Ihnen auch für die nächsten Geschäftsjahre das Allerbeste!

# Reden

Bei Firmenjubiläen werden meist viele Reden gehalten. Von Unternehmensseite spricht neben dem Geschäftsführer bzw. Vorstandsvorsitzenden oft auch der Gründer oder Aufsichtsratsvorsitzender; ein Ehrengast kann die Haupt-Festrede halten; Vertreter von Kunden, Geschäftspartnern und Verbänden ergreifen das (Gruß-)Wort – und der Betriebsrat steuert manchmal ebenfalls ein Wörtchen bei. Ist nach den vielen Reden ein Festessen geplant, könnten die hungrigen Gäste ungeduldig werden ... Für Ihre Rede gilt daher: Fassen Sie sich möglichst kurz! Zum Ausklang einer Jubiläumsrede passen Zukunftswünsche, wie „noch oft als Sieger gemeinsam durchs Ziel gehen" und andere Bilder zur künftigen Zusammenarbeit.

## Beispiel: Erfolgreicher Sieger des Rennens

▪ Lieber Herr Schreiber, einen unerwarteten Ausgang nahm kürzlich ein Pferderennen in England. An einem Graben stürzten zwei Pferde gleichzeitig. Einer der Jockeys rappelte sich blitzschnell wieder hoch, schwang sich wieder auf sein Pferd und passierte als Erster das Ziel. Sieger wurde er trotzdem nicht. Er hatte in der Eile das falsche Pferd erwischt. Herr Schreiber, das wäre Ihnen nicht passiert! Sie haben immer auf das richtige Pferd gesetzt – auch bei der Wahl Ihrer Geschäftspartner! Auch deshalb dürfen Sie heute ein stolzes Jubiläum feiern.

In diesem Sinne bedanke ich mich, dass wir, dank der Zusammenarbeit mit Ihnen, immer geschafft haben, jeden Oxer und Wassergraben souverän zu nehmen und niemals Sporen, Peitsche oder Gerte einsetzen mussten. Ich beglückwünsche Sie zu Ihren Leistungen und freue mich schon auf die nächsten gemeinsamen Rennen!

## Beispiel: Erfolgsrezepte

▪ Erfolg basiert, so sagt man, zum einen auf harter Arbeit und zum anderen auf einer kleinen Portion Glück! Beides scheint bei Ihnen ausreichend vorhanden zu sein! Das sieht man, wenn man sich Ihr Unternehmen betrachtet, das nun schon seit einem Vierteljahrhundert erfolgreich besteht.

## Beispiel: Glückwünsche an ein Verbandsmitglied

▪ Sehr verehrte Damen, sehr geehrte Herren, liebe Gäste! Hochverehrtes Ehepaar Meier – im Namen unseres Verbands gratuliere ich Ihnen und Ihrem Team – und damit gratuliere ich Ihnen auch im Namen Ihrer Konkurrenz. Denn im Namen von Hunderten Ihrer Mitbewerber, die in unserem Verband organisiert sind, beglückwünsche ich Sie heute von Herzen.

Viele unserer Mitglieder kennen Sie persönlich – und damit kennen, schätzen, ja lieben sie die gradlinige, korrekte und sportlich faire Art und Weise, wie hier die Geschäfte geführt werden. Ihre Mitbewerber wissen: Hier im Hause Meier widmet man seine unternehmerische Kraft nicht nur dem eigenen Geschäft. Sondern Sie schenken Ihre Kraft auch der Gemeinschaft der Kollegen in unserem Verband – aufgrund Ihres hoch engagierten Mitwirkens in unseren Gremien über viele Jahre hinweg!

Und dürfte ich mir zum Geburtstag Ihres Hauses etwas wünschen, dann wünsche ich mir: Bitte bleiben Sie weiter bei uns an Bord. Bleiben Sie unser Vorbild und unser Aushängeschild! Sie haben ja die Weichen für eine erfolgreiche Zukunft gestellt. Ihre Nachfolger haben Ihr Erbe hervorragend angetreten. Der Erfolg geht gewiss weiter und ein wunderbarer Ertrag des Meierschen Erfolgs besteht auch darin, dass wir unser Jubiläum heute in wunderschönem Ambiente feiern. Sie beglücken uns hier mit wunderbaren kulinarischen Köstlichkeiten, die schon auf uns warten – und die wollen wir jetzt auch nicht länger warten lassen!

## Glückwünsche an die eigenen Mitarbeiter

Diese Gratulation wird oft vergessen – dabei ist sie die wichtigste bei einem Firmenjubiläum! Nur weil die Mitarbeiter gut arbeiten, kann die Firma bestehen. Das sollten Sie den Mitarbeitern deutlich machen. Am besten senden Sie einen Gratulations- und Dankesbrief an jeden einzelnen Mitarbeiter, per Briefpost an seine Privatanschrift.

- Liebe Kollegen in der Fertigung! Vor nunmehr 25 Jahren wurde unsere Firma gegründet und Sie haben seitdem unermüdlich phantastische Arbeit geliefert! Dazu gratuliere ich Ihnen allen und bedanke mich herzlich für Ihren Einsatz und Ihren Teamgeist!

- Liebe Mitarbeiter und Kollegen, ein Haus besteht aus vielen einzelnen Steinen. So wie auch eine Firma aus vielen einzelnen, wichtigen Persönlichkeiten besteht. Sie alle sind das Fundament, das unser Unternehmen seit 15 äußerst erfolgreichen Jahren trägt und mit dem es steht und fällt! Ich danke Ihnen von Herzen für Ihre hervorragenden Leistungen, für Ihr hohes Engagement und Ihren tollen Einsatz!

- Liebe Kollegen, denke ich an unser Unternehmen, dann kommt mir das Bild eines Ameisenhaufens in den Sinn: Tausende von fleißigen Helfern arbeiten in vielen verschiedenen Abteilungen zusammen, um gemeinsam Großes zu erschaffen! Für Ihre hervorragenden Leistungen, Ihren Teamgeist und Ihren Einsatz danke ich Ihnen allen, denn ohne Sie wäre der Erfolg unseres Ameisenstaates gar nicht möglich!

# Zitate

## Humorvolle Zitate

„Hinter den meisten erfolgreichen Männern steht eine Frau, die sie vorwärts schiebt."
*Bob Hope (1903–2003), amerikanischer Komiker*

„Erfolg kommt von etwas Sein, etwas Schein und etwas Schwein."
*Philip Rosenthal (1916–2001), deutscher Unternehmer und Politiker*

„Erfolg ist das Kind der Keckheit"
*Erich Kästner (1899–1974), deutscher Schriftsteller*

## Ernste Zitate

„Courage ist gut, aber Ausdauer ist besser.
Ausdauer, das ist die Hauptsache."
*Theodor Fontane (1819–1898), deutscher Erzähler*

„Langfristig sind Sie nur erfolgreich, wenn Sie wissen, warum Sie erfolgreich sind."
*Rupert Lay (*1929), deutscher Theologe und Philosoph*

„Man muss das Unmögliche versuchen, um das Mögliche zu erreichen."
*Hermann Hesse (1877–1962), deutscher Dichter und Literatur-Nobelpreisträger*

„Große Werke werden nicht durch Gewalt sondern durch Ausdauer vollbracht. Derjenige, der mit Entschlossenheit drei Stunden pro Tag vorangeht, wird in sieben Jahren eine Entfernung so groß wie den Erdumfang hinter sich bringen."
*Samuel Johnson (1709–1784), englischer Dichter und Literaturkritiker*

„Ob du denkst, du kannst es, oder du kannst es nicht: Du wirst auf jeden Fall recht behalten."
*Henry Ford (1863–1947), amerikanischer Großindustrieller*

„Um große Erfolge zu erreichen, muss etwas gewagt werden."
*Helmuth von Moltke (1800–1891), preußischer Feldherr*

„Wenn du eine Stunde mehr am Tag arbeitest als deine Konkurrenten, dann muss es klappen, sagte mein Vater immer."
*Alfred Herrhausen (1930–1989), deutscher Bankier*

„Man ist entweder heiß oder kalt. Wenn man lauwarm ist, wird einen der Herr ausspucken."
*Jerry Lee Lewis (\*1935), amerikanischer Rock'n'Roll-Musiker*

„Um nach vorne zu kommen und dort zu bleiben, kommt es nicht darauf an, wie gut du bist, wenn du gut bist, sondern wie gut du bist, wenn du schlecht bist."
*Martina Navratilova (\*1956), amerikanische Tennisspielerin*

„Der Schlüssel zum Erfolg sind nicht Informationen. Das sind Menschen."
*Lee Iacocca (\*1924), amerikanischer Manager*

„Der Preis des Erfolgs ist Hingabe, harte Arbeit und unabläs-
siger Einsatz für das, was man erreichen will."
*Frank Lloyd Wright (1869–1959), amerikanischer Architekt*

„Ein Geheimnis des Erfolgs ist, den Standpunkt des anderen zu
verstehen."
*Henry Ford (1863–1947), amerikanischer Großindustrieller*

„Erfolg hat nur, wer etwas tut, während er auf den Erfolg
wartet."
*Thomas Alva Edison (1847–1931), amerikanischer Erfinder
und Industrieller*

# Für Wettbewerbssieger und Preisträger

Wer auf dem Siegertreppchen steht, freut sich zu hören, dass sich auch andere über den privaten oder beruflichen Erfolg freuen.

In diesem Kapitel finden Sie Muster für

- angemessene Glückwünsche für Preise und gewonnene Wettbewerbe,
- für kurze Ansprachen anlässlich einer Preisverleihung.

# Ausgezeichnet!

Warum gratuliert man zu Preisgewinnen, Auszeichnungen oder beruflichen Qualifikationen wie Doktorwürde oder Habilitation? Ganz einfach: Wer sich im Augenblick des Erfolgs beim Adressaten meldet, hat den passenden Moment erwischt, um sich wieder ins Gedächtnis zu rufen. Denn für Lob und Komplimente ist jeder empfänglich!

## Glückwünsche für Karten und kurze Briefe

### Beispiele: Berufliche Preise und Auszeichnungen

■ Ich beglückwünsche Sie herzlich zu Ihrer Auszeichnung! Dabei handelt es sich um eine ganz besondere Ehre und wer hätte diese verdient, wenn nicht Sie!

■ Es ist wirklich unbestreitbar, der Egon-Erwin-Kisch-Preis ist eine ganz besondere Auszeichnung. Eine besondere Auszeichnung, die eines ganz besonderen Menschen würdig ist. Ein Mensch, wie Sie es sind, lieber Herr Meier. Das gesamte Team beglückwünscht Sie zu dieser Leistung!

■ Zu dem größten Triumph in deiner bisherigen Laufbahn sende ich dir meine herzlichen Glückwünsche! Ich bin gespannt, welche Siegertreppchen du noch erobern wirst und drücke dir auch weiterhin alle Daumen!

■ Wir wollen einmal ehrlich sein: Das wurde aber auch langsam Zeit! Endlich wurde dein großartiges Talent erkannt und ausgezeichnet und man hat deine jahrelangen Bemühungen angemessen gewürdigt. Herzlichste Glückwünsche zum Erhalt des Bremer Filmpreises! Wir sehen uns in Hollywood!

▪ Ich gratuliere Ihnen herzlich zum Gewinn dieses hochrangigen Preises! Ich meine, Sie sollten diese Auszeichnung eigentlich jedes Jahr erhalten. Weiter so!

▪ Da dir sicher Tausende von Glückwünschen ins Haus flattern, sage ich einfach nur: „Jól csináltad barátom!" Ich gratuliere dir zum Erhalt des Lessing-Übersetzerpreises für Ungarisch und bin wirklich stolz auf dich!

▪ Herzlichste Glückwünsche zu dieser hervorragenden Leistung! Sie haben wieder einmal gezeigt: Mit Fleiß, harter Arbeit und einem starken Willen kann man einfach alles erreichen. Ich gratuliere Ihnen!

## Beispiele: Promotion

▪ Nun hast du also geschafft, was du dir vorgenommen hast und bist Doktor der Mathematik! Ich persönlich hatte da niemals Zweifel und gratuliere dir von ganzem Herzen zu deinem Erfolg, für den du so intensiv gearbeitet hast! Ich bin stolz auf dich!

▪ Wissen ist, wie man sagt, Macht! Ich bin sicher, Sie wissen Ihren neuen Doktorhut dahingehend zu nutzen, dass Sie die Macht Ihres Wissens zum Wohle aller Mitarbeiter unseres Instituts nutzen werden! Dafür danke ich Ihnen schon im Voraus und gratuliere Ihnen ganz herzlich zu Ihrer Promotion.

**Beispiele: Privates Glück**

■ Meine Gratulation zu deinem Hauptgewinn! Du hast wieder einmal Glück gehabt und ich wünsche dir von Herzen, dass es dich auf deinem Lebensweg auch niemals verlassen möge! Weiter alles Gute, ...

# Rede zu einer Preisverleihung

Die Leistungen des Preisträgers sind dem Publikum meistens bereits bekannt. Um Ihre Zuhörer nicht zu langweilen, suchen Sie am besten nach Anekdoten und beschreiben Sie die Leistungen noch einmal mit anderen Worten. Besonders effektiv gelingt dies mithilfe von positiven Bildern und Vergleichen, beispielsweise aus Sport, Geschichte oder Film. Beschreiben Sie den Preisträger doch einmal als „Mittelstürmer". Und bleiben Sie dann in der Fußballsprache: Listen Sie seine Leistungen als „Siegtreffer" auf. Die Tugenden des Preisträgers stellen Sie so ebenfalls originell dar. Kollegialität zum Beispiel können Sie als „gutes Mannschaftsspiel" loben.

Viele Metaphern sind möglich. Der Preisträger kann zum Beispiel folgendermaßen dargestellt werden:

- „treffsicherer Jäger"
- „Kapitän durch alle Stürme"
- „fleißige Biene"
- „edler Ritter"
- „Marathonmann"
- „König seiner Branche"

## Beispiel: Bilder aus dem Fußball

■ Lieber Herr Wagner! Wer Sie kennt, der weiß: Neben Ihrer anstrengenden Arbeit in der Forschung sind Sie auch auf dem Fußballplatz noch äußerst fleißig aktiv – als Mittelstürmer bei den „Superseniooren", den Alten Herren „Ü50"! Nun, Herr Wagner, Sie haben für unsere Firma weit über 50 Siegtreffer erzielt. Ihre großartige Leistung in der Produktforschung hat unsere Marktposition in den vergangenen Jahrzehnten verändert – und zwar sehr positiv!

Sie haben für uns sozusagen ein Golden Goal nach dem anderen geschossen. Deswegen ehren wir Sie heute für Ihr Lebenswerk! Und wir danken Ihnen, dass Sie als energischer Torjäger in unseren Reihen dennoch immer Mannschaftsspieler geblieben sind – und oft den Ausputzer für andere gespielt haben. Für Ihre hochkollegiale Art hätten Sie eigentlich ebenfalls einen Preis verdient!

## Beispiel: Bilder aus dem Mittelalter

■ Sehr verehrte Damen und Herren! Hochverehrter Herr Preisträger – lieber Herr Müller!

Seit Jahren sind wir gute Freunde. Deshalb darf ich mit Stolz sagen: Lieber Michael. Oder sollte ich lieber sagen: „Sir" Michael? Denn eine Königin adelt dich heute mit ihrem Ritterschlag. Nicht nur eine Redaktions-Königin persönlich, die sehr verehrte Frau Chefredakteurin Monika Meier, sondern mit ihr die absolute Herrscherin, die Marktführerin unter den deutschsprachigen Hotelfachzeitschriften, verleiht dir für deine außergewöhnlichen Dienstleistungen, dein Engagement für deine Gäste und deinen Erfindungsreichtum heute ihre wichtigste Auszeichnung. „Hotelier des Jahres" – damit wird dir, Michael, die größtmögliche Ehre erwiesen. Dieser Preis ist ein Ritterschlag von höchsten Gnaden!

### Beispiel: Wissenschaftliche Auszeichnung

■ Liebe Gäste, denken wir einmal an die Antike zurück, was kommt uns da in den Sinn? Blutige Schlachten? Hölzerne Pferde? Große Philosophen? Also, wenn ich an die Antike denke, dann fällt mir zuerst ein, wie sehr wir heutzutage doch noch von ihr profitieren. Im Bereich Medizin, Mathematik und Linguistik etwa. Immerhin galt Latein ja auch lange Zeit als Sprache der Gelehrten und wurde auch in Teutschland noch eifrig praktiziert. Herr Braun, Sie sprechen gewiss Latein, Sie doctor honoris causa? Für alle Nicht-Römer: Sie Doktor ehrenhalber! Auch Sie sind ein Klassiker! Auch von Ihren großartigen Leistungen können wir und kann unsere Nachwelt nur profitieren. Denn was Sie geschafft haben, ist wirklich erstaunlich. Wir alle, die heute hier sind, danken Ihnen von Herzen für Ihr Engagement und Ihre Selbstlosigkeit im Dienste der Wissenschaft.

# Zitate für außergewöhnliche Leistungen

„Das war ein Schuss! Davon wird man noch reden in den spätsten Zeiten."
*Friedrich von Schiller (1759–1805), deutscher Dichter*

„Bereit sein ist viel, warten zu können ist mehr, doch erst: den rechten Augenblick nützen ist alles."
*Arthur Schnitzler (1862–1931), österreichischer Erzähler und Dramatiker*

„Das Außerordentliche geschieht nicht auf glattem, gewöhnlichem Wege."
*Johann Wolfgang von Goethe (1749–1832)*

„Dem Schicksal zur Seite thront der Wille als leitende Macht."
*Pythagoras (576–496), griechischer Philosoph und Mathematiker*

„Geben, immer wieder geben; man kann nicht verhindern, dass es immer wieder zurückkommt."
*Gottlieb Duttweiler (1888–1962), Schweizer Großkaufmann (Migros)*

„Ich habe dreißig Jahre gebraucht, um über Nacht berühmt zu werden."
*Harry Belafonte (*1927), amerikanischer Sänger*

„Ich habe niemals an Erfolg geglaubt. Ich habe dafür gearbeitet."
*Estée Lauder, amerikanische Kosmetik-Unternehmerin*

„Alles Bedeutende im Strom des Lebens ist durch Sieg und Niederlage entstanden."
*Oswald Spengler (1880–1936), deutscher Kulturphilosoph*

„Siege, aber triumphiere nicht."
*Marie von Ebner-Eschenbach (1830–1916), österreichische Schriftstellerin*

„Nie ist ein Sieg schöner zu empfinden, als wenn vorher Kampf gewesen und Entwicklung."
*Gustav Stresemann (1878–1929), deutscher Staatsmann, 1923 Reichskanzler, 1923–1929 Außenminister, 1926 Friedensnobelpreisträger*

„Jeder übermütige Sieger arbeitet an seinem Untergang."
*Jean de La Fontaine (1621–1695), französischer Dichter*

# Kleiner Glückwunsch-Knigge

Hier bekommen Sie Extratipps für Ihren perfekten Glückwunsch. Sie erfahren unter anderem, wie Sie

- die Anrede Ihrer Glückwünsche richtig gestalten,
- Fettnäpfchen vermeiden,
- passende Zitate finden und
- die richtige Rednerordnung bei Feiern einhalten.

# Rechtschreibung in Glückwünschen

Es wäre peinlich, wenn sich kleine Fehler in Ihre Glück-
wunschschreiben einschlichen. Große Unsicherheit und
Verwirrung herrschen derzeit um die Frage der Groß- und
Kleinschreibung der Anredepronomen *Du/du* und *Sie/Ihnen,
Euch/euch* und der Possessivpronomen *Deine/deine* und *Ihre/
ihre* und *Euer/euer*.

Gemäß Amtlicher Rechtschreibung, § 66, werden die Anredepronomen klein geschrieben: „Ich gratuliere dir zu dieser
tollen Frau und hoffe, ihr habt viel Freude miteinander". Seit
der Neuregelung vom August 2006 ist die Großschreibung
ebenfalls wieder korrekt (§ 66 E): „Ich gratuliere Dir zu dieser
tollen Frau und hoffe, Ihr habt viel Freude miteinander".

Die Kleinschreibung ist nach Amtlicher Rechtschreibung aber
die Regel, während die Großschreibung, an die viele Menschen sich lange Jahre gewöhnt hatten, schlicht als nicht
falsch gilt. Bei den Anredepronomen in der Höflichkeitsform
hat sich nichts geändert – Großschreibung ist hier die einzig
korrekte Form: „Ich gratuliere Ihnen zu dieser tollen Frau und
hoffe, Sie haben viel Freude miteinander."

Ähnliches gilt für Possessivpronomen. Die Regel ist: „Glückwunsch zu *deinem* Jubiläum!" Korrekt ist aber auch: „Glückwunsch zu *Deinem* Jubiläum!" Die Höflichkeitsform muss
nach wie vor groß geschrieben werden: „Glückwunsch zu
*Ihrem* Jubiläum."

Wenn Ihnen nun jemand sagt: „Aber im Duden steht es anders!" Dann mag er Recht haben. Nur: Der Duden-Verlag hat seine amtliche Definitionsmacht über die Rechtschreibung im Jahr 1996 verloren. Zudem beherzigt der Duden nicht die Amtliche Rechtschreibung, sondern hat mit zahlreichen Abweichungen von den Regeln eine eigene Rechtschreibung entwickelt, ebenso wie andere Wörterbücher und die meisten Printmedien. Die aktuelle Amtliche Rechtschreibung samt Wörterliste können Sie von der Website des Instituts für Deutsche Sprache kostenlos herunterladen: www.ids-mannheim.de/reform/ Für diesen TaschenGuide haben wir eine einheitliche Lösung gewählt und uns entschieden, alle Pronomen klein zu schreiben, die nach der amtlichen Regelung kleingeschrieben werden.

# Die richtige Anrede

Sind Sie mit dem Adressaten per du – dann seien Sie es auch in Ihrer Gratulation! Glückwunschschreiben haben zwar fast automatisch „offiziellen" Charakter. Aber das ist kein Grund, vom du zum Sie zu wechseln: Wenn Sie das Geburtstagskind seit zwanzig Jahren „Willi" nennen und in Ihrem Glückwunsch plötzlich mit „Herr Wilhelm Müller" anreden, machen Sie sich unglaubwürdig. Verwenden Sie in Ihrer Rede die Anrede, die Sie auch sonst verwenden. Das können auch Spitznamen und Kosenamen sein! Dasselbe gilt für den Schluss Ihres Gratulationsschreibens. Wenn Sie einem Kollegen schreiben, der Sie üblicherweise mit „Wolle" anspricht, weil Sie „Wolfgang" heißen, dann sollte Ihr Glückwunsch auch mit „dein Wolle" enden.

# Tabus bei der Themenwahl

Kurze Glückwünsche sind meist unverfänglich. Es ist ja recht klar, was enthalten sein sollte: Die Anrede, der Anlass und die Gratulation, je nach Anlass ein Dankeschön, ein guter Wunsch für die Zukunft und ein Gruß mit Unterschrift.

Brenzlig wird es, wenn Sie ein paar persönliche Worte dazuschreiben. Denn da kann es viele Fettnäpfchen geben, besonders wenn man den Adressaten nicht so gut kennt und Bemerkungen über das Alter, den Gesundheitszustand oder die glückliche Ehe anders verstanden werden könnten als sie gemeint sind. Vorsicht kann also einem Glückwunschschreiben oder auch einer Rede nicht schaden, auch und gerade bei Ironie: Selbst wenn Sie der Meinung sind, dass das Geburtstagskind zum Beispiel den spaßig gemeinten Satz: „Bald klopfst du an die Himmelstür, aber bis dahin wollen wir noch teuflisch gut feiern" versteht, so könnte es ihn doch todernst nehmen.

Seien Sie also vorsichtig. Und immer gilt: Eine Gratulation enthält keine negativen Formulierungen und schon gar keine Kritik, auch wenn die Wirklichkeit vielleicht ganz anders aussieht. Prüfen Sie nach Verfassen Ihres Glückwunschs, ob Ihr Schreiben Ihnen selbst Freude bereiten würde und vermeiden Sie folgende Formulierungen und Themen, die meist geradewegs in mehr oder weniger tiefe Fettnäpfchen führen.

Formulierungen wie „... du darfst stolz sein, dass du dein 80. Lebensjahr trotz gewisser gesundheitlicher Schwierigkeiten erreicht hast ..." treffen zwar bei so manchem älteren Menschen möglicherweise zu, aber in einem Glückwunsch sollte man nicht an eventuelle Krankheiten erinnern. Wünschen Sie *beste* Gesundheit, anstatt von *schlechter* Gesundheit zu reden! Erwähnen Sie Krankheiten nicht, auch wenn sie davon wissen, denn in Glückwünsche gehört nur Positives. Vermeiden Sie ebenso Themen wie Familienstreit, Auseinandersetzungen, berufliche oder private Misserfolge und dergleichen mehr. Kritik an einer Person oder an ihrem Verhalten ist in Glückwünschen tabu und dies gilt insbesondere auch im Beruf, unabhängig von der Position. Selbst wenn nicht alles in bester Ordnung sein sollte: Festtags-Glückwünsche sind nicht das passende Medium, um mitzuteilen, wie unproduktiv der Empfänger des Glückwunschs ist.

In Ihrem Weihnachtsbrief möchten Sie Ihren Mitarbeitern „durch die Blume sagen", wie stark der Krankenstand im nächsten Jahr sinken muss? Sie denken, es wäre effektiv, dies mit den ohnehin fälligen Festtagswünschen für gute Gesundheit zu verbinden? Tun Sie es nicht.

# Ironie, Gags und Anspielungen

Gerüchte, Klatsch und Tratsch sind natürlich in der Arbeitswelt beliebt und unterhaltend, doch in Glückwünschen im Berufsleben sollte man jede Anspielung vermeiden. Zum Beispiel: Die ganze Firma weiß, dass der geschiedene Abteilungsleiter seit Jahren eine Affäre mit der Kassiererin hat. Nun feiert er 25jähriges Betriebsjubiläum. Als Vorgesetzter möchten Sie ihm natürlich auch privat alles Gute wünschen und beglückwünschen ihn zu seinen „Erfolgen auch im privaten Bereich". Besser nicht!

Bei privaten Glückwünschen, insbesondere bei Reden zu Geburtstagen, Hochzeiten und Ehejubiläen darf ein wenig Spaß natürlich sein. Trotzdem müssen Sie die Empfänger des Glückwunsches sehr gut kennen, damit Sie nicht mit Ironie oder Witzen ins Fettnäpfchen treten. Prüfen Sie Ihre Gratulationsschreiben und -reden auf mögliche Zweideutigkeiten, die negativ aufgenommen werden könnten, und entfernen Sie diese.

Passen Sie auf, dass Sie keinen wunden Punkt treffen und niemanden negativ darstellen oder kritisieren. Vor allem mit Wünschen für einen großzügigen Kindersegen oder bei den Glückwünschen zum ersten Kind ist Vorsicht geboten: „Na endlich habt ihr es geschafft – gratuliere!" Wissen Sie sicher, dass die Eltern keine jahrelangen Versuche künstlicher Befruchtung hinter sich haben?

Was gut gemeint ist, kommt noch lange nicht gut an. Entwickeln Sie einfach nach diesem Motto als Gratulant eine höhere Sensibilität und prüfen Sie genau, ob Ihre Texte falsch interpretiert werden könnten.

# Wie Sie passende Zitate finden

Ein Zitat passt zum Adressaten, wenn sich der Empfänger damit identifizieren kann, weil er zum Inhalt einen Bezug hat. Denken Sie also bei der Wahl des Zitats über die Vorlieben des Glückwunschempfängers nach und lassen Sie sich bei der Suche von folgenden Gedanken leiten:

- Ist er Fan einer Sportart?
- Liest er gern oder liebt er Theater?
- Beschäftigen ihn Themen wie Politik, Wirtschaft, zwischenmenschliche Beziehungen?
- Was sind seine Lieblingsschriftsteller?
- Hat er Vorbilder aus dem öffentlichen Leben wie z. B. Schauspieler oder Moderatoren?

Also: Schaut der Glückwunschempfänger gern Boxkämpfe, könnten Sie zum Beispiel Max Schmeling oder Henry Maske zitieren. Trinkt der Jubilar gern guten Whiskey oder liebt er Irland? Dann schlagen Sie doch mal bei George Bernard Shaw nach. Oder ist das Burgenland das Lieblingsland des Geburtstagskinds? Dorther stammt die österreichische Dichterin Marie von Ebner-Eschenbach, von der ein reicher Schatz an Zitaten zu finden ist.

Sie finden eine große Auswahl passender Zitate in den beiden Haufe-TaschenGuides „Zitate für Beruf und Karriere" und „Zitate für besondere Anlässe" sowie im Internet unter

- www.zitate.de,
- www.zitate-online.de,
- www.bibelkraft.de.

# Wer spricht wann bei Festen?

Egal, wer spricht: Er spricht am besten erst nach der Suppe oder nach dem ersten Gang. Feste finden meist in Verbindung mit einem Essen statt; lassen Sie als Redner Ihre Zuhörer dann warten, haben Sie ein ungeduldiges, hungriges Publikum! Die Zuhörer sollten etwas im Magen haben, wenn Sie Ihre Rede beginnen, aber auch nicht zu satt sein, sonst werden sie müde und unkonzentriert.

Erster Redner ist dann traditionsgemäß der Gastgeber. Das ist meist der Einladende, kann aber auch der Restaurant- oder Hotelinhaber sein. Bei einer längeren Rednerliste tritt der Gastgeber auch wieder als letzter Redner auf, mit einem Schlusswort. Nur selten ist die Rednerreihenfolge zwischen dem ersten und letzten Auftritt klar geregelt. Bei einer Weihnachtsfeier zum Beispiel redet nach dem Chef als Gastgeber noch der Betriebsrat, an den sich ein Mitarbeiter mit eventuell humorigem Vortrag anschließt. Bei einer Geburtstagsfeier reden nach dem Geburtstagskind als Gastgeber noch Ehepartner, Kind(er) und vielleicht Kollegen, wobei die Abfolge nicht fest definiert ist. Nur bei Hochzeiten gibt es eine traditionelle Regelung:

- Zuerst spricht der Bräutigam als Gastgeber, am besten gemeinsam mit der Braut. Das Brautpaar spricht aber nicht beim Essen, sondern davor: beim Sektempfang oder schon nachmittags bei Kaffee und Kuchen.

- Wenn die Wirtsleute ein paar Worte zur Begrüßung sagen möchten oder ein anwesender Geistlicher ein Tischgebet spricht, dann sprechen sie zum Essen *vor* der Suppe.

- Nun kommt der Redner, der traditioneller Weise der wahre Gastgeber ist: der Brautvater. Deshalb spricht er nach dem ersten Gang beim abendlichen Festessen.

- Nach dem Brautvater spricht der Vater des Bräutigams.

- Danach sprechen Treuzeugen, Freunde und andere Familienmitglieder.

- Das Schlusswort bleibt dem Brautpaar vorbehalten, das sich damit die Gastgeberrolle beim Essen mit dem Brautvater (erster Redner) teilt.

# Angemessen kondolieren

Natürlich ist die Beileidsbekundung zum Tod eines geschätzten Menschen etwas ganz anderes als eine Gratulation. Wir haben das Thema trotzdem aufgenommen, weil viele Menschen unsicher sind, welcher Ton bei einer Beileidsbekundung angemessen ist. Ich empfehle Ihnen – und hier ist der Berührungspunkt zwischen Glückwünschen und Kondolenzschreiben: Indem Sie Ihr Schreiben herzlich und individuell formulieren, zeigen Sie, dass Sie Anteil am Leben dessen nehmen, der einen nahe stehenden Menschen verloren hat. Die wichtigste Regel für Kondolenzschreiben lautet deshalb: Auf keinen Fall per E-Mail! Auch wenn fast alles per Mail läuft – sein Beileid sollte man nicht via Internet ausdrücken.

Neben der Anteilnahme ist die wichtigste Aufgabe von Kondolenzschreiben, Trost zu spenden. Inhaltlich sollte das Schreiben deshalb zwei Schwerpunkte haben: Zum einen können Sie den eigenen Schmerz über den Verlust äußern. Ein populärer Irrtum ist, Humor sei in Beileidsbekundungen tabu. Es ist ganz im Gegenteil angebracht und angeraten, positive Eigenschaften des Verstorbenen kurz zu beschreiben. Anekdoten aus gemeinsam verlebten Stunden können den Verlust veranschaulichen. Die zweite wichtige Funktion, Trost, Mut und Zuversicht zu vermitteln, gelingt am besten, wenn das Kondolenzschreiben auch insgesamt nicht zu traurig wirkt. Es sollte also möglichst, nicht ausschließlich eine negative Grundstimmung transportiert werden. Hier finden Sie zwei Beispiele für kurze, aber herzliche Schreiben:

- Ich weiß, die Trauer über den Verlust eines geliebten Menschen ist kaum in Worte zu fassen. Auch ich empfinde tiefen Schmerz. Ich erinnere mich an die schöne Zeit, die ich mit deinem Bruder verbringen durfte. Wie viele Streiche und Verrücktheiten haben wir schon zusammen als Kinder ausgeheckt! Ich habe das Glück, so einen wertvollen Menschen wie ihn kennen gelernt zu haben! In stiller Anteilnahme, ...

- Oftmals denken wir, mit dem Tod sei alles zu Ende und ein geliebter Mensch wäre unwiederbringlich von uns gegangen. Doch deine geliebte Simone lebt in unser aller Erinnerung unsterblich weiter und wir alle werden ihr ansteckendes Lachen und ihre humorvolle Art niemals vergessen. Mit herzlichem Beileid und Anteilnahme, ...

- Im Namen aller Kollegen spreche ich Ihnen unser tiefes Beileid aus. Für die schwerste Zeit Ihres Lebens wünschen wir Ihnen alle Kraft dieser Welt. Ihr Ehemann wird in unserer Erinnerung für immer weiterleben. Und auch das, was er im Beruf für uns getan hat, wird weiterleben. Wir werden in seinem Sinne weiterarbeiten und sein Lebenswerk fortführen, weil wir wissen, er hätte es so gewollt. Alle Mitarbeiter der Schmidt GmbH

# Impressum

**Bibliografische Information der Deutschen Nationalbibliothek**
Die Deutsche Nationalbibliothek verzeichnet diese Publikation in der Deutschen Natio-
nalbibliografie; detaillierte bibliografische Daten sind im Internet über
http://www.d-nb.de abrufbar.

**Print:** ISBN: 978-3-648-02893-3 Bestell-Nr.: 01322-0001
**ePub:** ISBN: 978-3-648-02894-0 Bestell-Nr.: 01322-0100
**ePDF:** ISBN: 978-3-648-02895-7 Bestell-Nr.: 01322-0150

Prof. Dr. Wolfgang Mentzel, Frank Rosenbauer
Reden und Ansprachen
1. Auflage 2012

© 2012, Haufe-Lexware GmbH & Co. KG, Munzinger Straße 9, 79111 Freiburg
Redaktionsanschrift: Fraunhoferstraße 5, 82152 Planegg/München
Telefon: (089) 895 17-0
Telefax: (089) 895 17-290
Internet: www.haufe.de
E-Mail: online@haufe.de
Redaktion: Jürgen Fischer

Lektorat: Dr. Ilonka Kunow, Petra Sparrer
Satz: Beltz Bad Langensalza GmbH, 99947 Bad Langensalza
Umschlag: Kienle gestaltet, Stuttgart
Druck: CPI – Ebner & Spiegel, Ulm

# Autoren

### Prof. Dr. Wolfgang Mentzel

ist seit 1972 Professor für Betriebswirtschaftslehre an der Fachhochschule Koblenz und hat Lehraufträge an mehreren anderen Hochschulen. Außerdem gibt er regelmäßige Seminare für Führungskräfte zu Personal- und Kommunikationsthemen. Er ist Autor zahlreicher Fachpublikationen.

Von Prof. Dr. Wolfgang Mentzel stammt der erste Teil dieses Buches.

### Frank Rosenbauer

hat Soziologie, Psychologie und Angewandte Sprachwissenschaft studiert. Seit 1991 arbeitet er als Journalist und Ghostwriter. Mit seinem Redenschreiber-Netzwerk RedeGold bietet er individuelle Redemanuskripte in sieben Sprachen und für alle Anlässe. Mehrere DAX-Unternehmen und namhafte Führungskräfte zählen zu seinen Kunden, darunter Vorstandsvorsitzende, Hauptgeschäftsführer und Verbandspräsidenten. Daneben hat er einen Lehrauftrag an der Universität Siegen.

Von Frank Rosenbauer stammt der zweite Teil dieses Buches.

# Weitere Literatur

„Business Knigge international", von Kai Oppel, 326 Seiten, EUR 19,95, ISBN 978-3-648-02269-6, Bestell-Nr. 00076

„Machtspiele – die Kunst sich durchzusetzen", von Matthias Nöllke, 232 Seiten, EUR 19,80, ISBN 978-3-448-08053-7, Bestell-Nr. 00088

„Zitate für Beruf und Karriere", von Gisela Fichtl, 240 Seiten, EUR 8,95, ISBN 978-3-648-03436-1, Bestell-Nr. 00649

„Zitate für besondere Anlässe", von Gisela Fichtl, 128 Seiten, EUR 6,90, ISBN 978-3-648-01247-5, Bestell-Nr. 00700

„Gut sein allein genügt nicht" von Doris und Frank Brenner, 192 Seiten, EUR 19,80, ISBN 978-3-448-09069-7, Bestell-Nr. 00244